世界の危険思想

悪いやつらの頭の中

丸山ゴンザレス

光文社新書

はじめに

「危険思想」——このようにタイトルを打ってみたものの、思想史を紐解いたり、ましてや理屈をこねくりまわすつもりはない。

むしろサブタイトルにあるような、「悪いやつらの頭の中」を覗き込んでみた結果をまとめてみようというのが本書のスタンスである。

いったいどんな悪いやつらに会ってきたのか。

自己紹介も兼ねて説明すると、私はジャーナリストとして、これまでに日本や海外の裏社会、スラムや治安の悪いとされる場所を好んで取材してきた。その取材内容をテレビや雑誌、ニュースサイトなどで紹介するのが仕事である。

こんな生活を10年以上続けていると、いろんな傾向というのが見えてくる。

ジャーナリストの立場で話を聞いてきたのは、様々な国籍、職業の「悪いやつら」だ。

殺人犯、殺し屋、強盗、武器商人、マフィア、ギャング、麻薬の売人、薬物依存者、集団暴行する人、悪徳警官……。

「この人たちの頭の中ってどうなっているの？」と思うことが何度となくあった。現場を取材して、様々な角度から想像力をめぐらせても、自分自身が、その考え方に至らないことがほとんどだった。それは、私が相手のことを理解できていないからにほかならないわけだが、いったい、なぜわからないのか。

私と彼らとでは、決定的に「違う」からだ。

文化の違い、民族の違い、教育の違い、習慣の違い……。

もっともらしい原因となる違いをいくつも挙げることはできる。

だけどそれだけでは溝は埋まらない。それっぽい理屈をこねるたびに、まるで大きな谷に石を一個ずつ放り投げているかのような錯覚に陥ってしまうのだ。

実際問題、本書で紹介していくのは、悪意や危険な行動の根幹にあると思われる考え方を私なりに拾い上げたものである。正直なところ、本質まで届いているかは自分でも自信がない部分もある。

それでも、現場で私がもがきながら拾ってきた事例を、今回の「危険思想」を軸に見方を変えて書いた。

その結果、自分でも意外なことに気がついた。

今回まとめてみて思ったのは、こうした危険思想に連なる事例を解説していくことで、知をつなぐ「架け橋」の役割を担える、ということだ。

日本では感じることのできない強烈な出来事に対してでも、橋という補助をつけてちょっと見方を変えると、おぼろげながらでも危険思想の根幹の理解に近づくことができる。

日本人の常識では、「危険思想」と感じることでも、彼らなりの「筋」がある。これがわかることで、世界の見え方がほんの少しだけでも広がってくれたら、筆者としてはこれ以上嬉しいことはない。

それでは、私が出会った世界の人たちの頭の中身を覗き込むことで、「危険思想」の一端に触れてみよう。

第1章　人殺しの頭の中

人類最大のタブー

人殺し――それは、人類最大のタブーのひとつである。

それも事故や偶発的なものではなく、明確に殺意を持って殺すことは、どんなに法律で厳罰を科そうとも、道徳教育をほどこそうとも、悲しいことに必ず起きてしまう事件だ。

いったい何を考えて人は人を殺すのか。

そんな疑問を抱えるのに十分なほど、世界中の様々な場所で「人殺し」に出会ってきた。

殺しの動機、殺意、そういったものを解き明かしていくために、ここでは加害者側の考え方を見ていきたい。というのも、大半の殺人加害者は殺人がダメなことなのは、知識としてわかっているからだ。そのうえで殺している理由が知りたかった。

「どうして殺したんですか？」

このように問いかけてみて、

「いったい何がいけないの？」

と疑問で返してくるようなのは、一部の猟奇殺人鬼だけである。

それならば、どうして人は人を殺すのだろうか。その疑問がより強くなる。私なりに得た答えとしては、殺しても構わない（もしくは、殺したことで逮捕されても構わないなどリスク度外視の思想）という理由、動機があることだ。

日本人的な常識で考えたら怨恨あたりが浮かぶところだろう。日常生活を送っていれば、誰だって人を恨めしく思うことはある。とはいえ、大半の人は殺したいほど許せず憎いとしても、そこから殺人に至ることはない。

ところが世界には我々の常識からは考えられない理由や動機がきっかけで、殺人に至ることがある。そこに「人殺しの頭の中」を垣間《かいま》見ることができるヒントが隠されているのだ。そこには何があるのか、これまでの取材の蓄積を解きほぐしながら追いかけてみたい。

世界の人たちが考えているヤバイことを探っていくうえで、最初に殺人の動機を取り上げようと思ったきっかけは、書籍執筆を持ちかけてきた光文社の編集者Ｍ君との打ち合わせだった。

無駄に賢いＭ君とは古くからの付き合いで、写真週刊誌『ＦＬＡＳＨ』の取材で一緒に地方を巡った楽しい思い出もある。東大卒で週刊誌担当だったＭ君が２０１６年度、かねてからの希望が通って新書の部署に異動したので、その挨拶がてら、旅のエピソードとは違う別の何かをまとめていくような企画はできないのかと新宿にある喫茶店で話していたのだ。

「ゴンザレスさんの行くところって、よく人が殺されますよね」

「そんな言うほど死んでるかな？」

普段から頻繁に訪れる店であまり交わしたくない会話だったが、少なからず思い当たることがあった。たしかに自分が取材する先では、わりと高い頻度で人が死ぬ。

「そう言われてみると、最近じゃあ仲間と再会するのは葬式ばっかだな。人数は減ってくんだけど」

自分の疑問を自分で受けて、中高年が使いがちな自虐的ブラックジョークで切り返したものの、M君の反応はなかった。冷たいやつだと思うが、彼の言うこともわかる。実際、危険地帯を取材するジャーナリストとしての仕事柄、中南米やアジア、アフリカなど治安が悪く犯罪発生件率も高いところで取材をすることが多いので、死と遭遇することは多くなってしまう。しかし、事件の状況や背景については取材で迫っていくものの、「どうして人を殺すのか」までを追いかけることは稀だった。

あらためて過去に直面したケースを考えてみると、殺す理由がはっきりと見えてくる事件ばかりではなく、なかには日本人的な常識では理解できないものもあることに気がついた。

それは何か。

真っ先に思い出したのは、殺し屋の存在である。

殺し屋の住む部屋

殺し屋から殺人の動機を垣間見たのは、ジャマイカでのことだった。

人口が約２９０万人のカリブ海に浮かぶ小さな島国である。事情通たちからは、主な〝産業〟はレゲエとマリファナなどと揶揄されてきたが、ここ10年ぐらいは陸上も加わった。特に短距離走のウサイン・ボルトが世界記録と金メダルを奪取しまくったおかげで、日本では世界陸上&オリンピックでよく見るアスリートの国というイメージも一般的には強くなっているのではないだろうか。それ以外は、小さな島国というイメージくらいしか持たれないジャマイカで、興味深い出来事に遭遇した。

首都のキングストンに点在するスラムは治安が悪いとされている。そのなかでもトップクラスにヤバイとされるスラム街を取材していたときのことだ。そこのボスには取材を断られ

ジャマイカのスラムの街角

ていたので、おおっぴらに取材ができず、少々大げさに言うとゲリラ的に潜入していた（※通常、スラム街を取材する場合には、顔役となる人物へとアプローチして許可を得るようにしている。絶対ではないが、ないよりはあったほうがいい）。

自分の状況を顧みるに、とっとと撮るもの撮って逃げ出すのが正解である。普通に考えればリスクが大きすぎて中止するのが大正解。そこまでわかっていながら、どうしても取材したかった相手は現役の殺し屋だった。

殺し屋の取材が珍しいとか、初体験だったというわけではない。過去には日本でも何度か殺し屋の取材をしていた。ただし、大半が〝経験者〟であって、「現役の職業・殺し屋」ではなかったのだ。

当時の心境を振り返ると、初めての「現役」との接触に心躍るものの、早くこの場を去らなければならない焦りが同居した妙な心地の悪さを抱えていた。

待ち合わせ場所に現れたのは、こう言ってはなんだが、貧相な体格の若者だった。あまりに細かったので子どもかと思ったが、筋肉のつき方がよく見れば細いというよりも引き締まった体つき。訓練でつくれるものではなく、黒人特有の肉体アドバンテージのように思えた。

その男に案内されたのはスラムのなかの一般的な住居よりも一段下といった雰囲気の家だった。みすぼらしく、廃屋といったほうがぴったりくる。スラムを取材することは慣れているので、別に珍しいものではなかったし、内部の予想もだいたいできた。室内はガラクタや、女物の化粧品のゴミとかが散乱しており、それも想定の範囲内だった。

女物の物品はあったが女はその場にいなかった。かなり古い感じがしたので、ずいぶん前に出ていったのだろうと推測した。

ここから話す内容が内容だけに、ドアを閉めた。密室になったところで「撮影していいか？」と念押しのつもりで確認をとると、軽い声で「ＯＫ」との返事。

このときの取材にはＴＢＳ系で放送している『クレイジージャーニー』のディレクターが付き添っていたため、撮影用のカメラを準備する必要があったのだ。

その間、男は顔を大振りなバンダナで隠した。素顔はもう見ているのに、バンダナを巻いた瞬間から妙な空気をまとっているように感じた。

なぜなのか。

彼の目が強調されたからだと思う。

暗く沈んだ色をしていた。

覇気どころか生気すらも感じられない。どこか生き物の活動をしていないような、つくりもののような目だった。

過去には日本の裏社会を取材しているときにも殺人経験者に会ったことがあるのだが、そのどれとも違う。むしろ、世捨て人というか、すでに人生を諦めた人が放つ特有の闇のように思えた。

殺人の依頼者の素性

「銃を見せてくれないか」

殺し屋の象徴ともいうべき商売道具。ここまで来て疑っていたわけではないが、それを見せてもらうことで、彼が殺し屋であることの確証を得たかったのだ。

男はシャツをめくり上げ、無造作にズボンに挟んだコルト・ガバメント（だと思う。ミリオタではないので、あまり細かい型式などまでは気にしないのだ）を取り出した。一瞬、そんな雑にしまっていて大丈夫かと思ったが、こちらの心配を他所《よそ》に、カメラを向けるとポーズをとってくれる。堂に入った構えから彼が日常的に銃に触れていることがよくわかる。

銃自体もよく見れば細かい傷が多く、使い込まれている感じがした。どのような用途に使われてきたのか。そこに踏み込んで聞く必要がある。

「どうやって殺しているのか、教えてくれないか？」

「殺し方か……」

いよいよというところで、携帯電話の着信音が鳴り響く。男のポケットからだった。

「ハロー……今は無理だ……客と会っている……だから、今は無理だから」

その後も何やら押し問答をしていたが、結局、用件を断ったようで電話を切った。

「急ぎの用件だったら先に済ませてもらっていいですよ」

こちらとしても早く終わらせたいところだが、余計にこじれてしまうぐらいなら、用件は消化してもらいたいという判断で、そのように伝えたのだった。

「クライアントからだ。だが俺にとってはお前と話すのもビジネスだ」

男は少し斜に構えるようにして切り返す。インタビューに対する謝礼の約束はしていた。即金が必要なほど困窮しているのは、部屋の様子を見ても明らかだった。殺し屋として稼げていないのか、そのあたりのことはわからないが、あえて殺しの仕事をビジネスと表現するところに、彼の若さゆえの自己顕示欲のようなものを少し感じた。

こちらのインタビューを優先してくれたようだが、彼のところに入ってきた電話のクライアントというのは、つまり殺人の依頼者ということになる。

むしろ、電話の相手のことのほうが気になる。私はそこまでのインタビューの流れを断ち切って、絶好の素材を深掘りすべくクライアントの正体に話を切り替えた。

「今、電話してきた人のことを教えてくれませんか」

無遠慮かもしれないが、スラム街の殺し屋を相手に回りくどいことを聞いても意味がない。こちらも腹をくくっている。

すると男はこちらの温度を気にもせず、事もなげに答えた。

「俺の知り合いの知り合いだ」

「殺人《しごと》の依頼ですか?」

「そうだ。自分に恥をかかせた相手を殺してほしいってことみたいだ」

「ターゲットに恥をかかされたと？」

「そうだ。そいつを振った女だよ。いい気はしないな」

「女も殺すんですか？」

「仕事だからな。俺の気持ちは関係ない」

気軽に殺しを頼む人

その後、仕事が実行されたのかはわからない。ただ、この男は危険人物ではなく、職業に対して忠実な意識を持つ、職人肌の男のように感じた。そこにあえて個人情報を付け加えるなら、その日の暮らしに困るほどの貧乏人。リスクを承知で殺しを受ける理由があり、実行する手段がある。

彼にとって殺すことに罪悪感はあるだろうが、それ以上に生きることに必死なんだと思う。衣食足りて初めて人生を見つめることになるのだろう。私の見た限りではあるが、彼の置かれている立場は、殺すことぐらいしかできる仕事がないという追い詰められた感じがした。

ある意味、仕方なくやっているようだった。

一方で、私が恐ろしいと思ったのは依頼主のほうである。

整理してみると、依頼者には動機があり、殺し屋に依頼できるコネと金がある。その動機が自分のメンツを潰されたとか、プライドの問題であったとしても、本人には対象を排除するのに十分だと思えたのだろう。

彼らにモラルを問うのは、部外者である私にはできるはずもない。


結果的にわかったのは、依頼者と実行者という二つの存在が噛み合ったときに殺人が発生するということだ。

世の中で起きている殺人の多くは依頼と実行という二つの作業を一人で実行する。だからそのハードルは高く巌《けわ》しいのだ。

誰の心にでも巣食うネガティブな感情。それは世界中の誰しもが持ちうるものだ。抑えきれない感情を抱えてストレスに苛まれるのが普通だろう。その感情は単純なものである。そして、時間がたてば消え去るものでもある。この感情を私は、水が自然と蒸発していくようなイメージで捉えている。

なかには蒸発しない人もいる。それどころか醸成され、ドロドロの粘液に変化していく。それこそが殺意であり、殺し屋へのアプローチにつながるのだ。

第三者への依頼というのは、罪の意識が低い。実行するためのプロセスで冷静になることもない。自分は結果だけを受け取り、被害者の苦しみをダイレクトに感じることもない。

本来であれば殺人のために凶器を用意したり、計画を立てたりしているうちに、恨みは風化したり減っていったりしていくものだ。特に短時間で蓄積した恨みは、減るのも早い。比例関係にあるといえるだろう。それを電話一本で実行されてしまうとなれば、恨みのゲージが満タンのままで殺人を実行させてしまうことになる。一時の感情の高ぶりがもたらす結果としては最悪だろう。殺し屋へ簡単にアクセスできるというのは、そういうことなのである。

日本人にしてみれば、殺し屋の存在は特異であるが、起点となる感情は我々とまったく同じものであった。だが、殺しを実行できる人の頭の中は、本当に無感情そのもの。

依頼者と実行者――どちらが本当に恐ろしいのか。そこにたどり着くには、さらに深く世界の人々の頭の中を見ていく必要があるだろう。

第2章　命に値段はつけられる

殺しの動機

人間は誰かを妬んだり、恨んだりすることで負の感情を生み出し、やがて「殺したい」と思うようになる。これが「殺意」だ。第三者を含めて動く、殺しのシステムの原動力である。ほとんどの人は、その殺意を押し止める。殺すことがタブーだと知っているからだ。知っているのに、色濃く煮詰められていくことで明確な殺意に変わる。そこからいくつかの「条件」が整うことで、実行に移す連中がいる。こうなってしまうと、モラルとか正義のハードルは意味をなさない。軽々と飛び越えている。

ここでいう「条件」とは、「実行者」と「動機」である。この2つがうまく噛み合えば殺人は実行される。これが、先ほど紹介したジャマイカの殺し屋の取材でたどり着いた、殺人に至る仕組みである。

この仕組みについて、もう少し詳しく説明していきたい。第1章のジャマイカの例では「実行者」と「依頼者」に焦点を当てたが、ここでは「動機」について殺意とは別の角度と要素から掘り下げてみようと思う。

人を殺す〝動機〟の大きな要素、それは「金」である。

金のために人を殺す。

日本にいても、よく聞く殺人事件の動機ではある。正直、金は大事だが、それを理由に殺すというのは、いささか短絡的な理由すぎて同意できないところもあるだろう。いまひとつリアルに感じられないのではないか。

だが不思議なもので、これが海外になると、殺害に至る経緯というのが単純化されて浮かび上がってくるのだ。そのために紹介したい国がある。

海外で日本人がもっとも殺されているフィリピンである。

在比邦人は誰に殺されているのか

ビーチリゾートや英語留学など、日本でも馴染みのある身近な国なので、危険なイメージはあまりないかもしれないが、事故やテロ以外の殺人事件に限れば、フィリピンがもっとも邦人殺害件数が多いのだ。２００８年～２０１７年の間に、39人が殺害されている（「外務省海外安全ホームページ」より）。

２０１７年には2件の殺人事件が立て続けに起きている。

４月に新規事業の視察のため車で移動中だったMさんが、バイクに乗った二人組に銃撃されて殺害された。

5月にはAさん（24歳）とIさん（59歳）の二人が行方不明になり、その後銃撃され、バラバラになって海に捨てられていた。犯人は通訳と日本人経営者Nだった。Nは冤罪を主張しているが、現地採用の予定で面接に来ていた二人に多額の保険金をかけていたことがわかり、金目当ての犯行とする見方で警察に拘束されている。

どちらも衝撃的な殺され方ではあるが、Mさんとまったく同じような手口で日本人が殺された事例は過去にもあった。

２０１４年、日系旅行代理店代表を経営する男性が、やはりバイクに乗った男に銃撃されて殺害されている。その後の当局の発表では男性に借金があった日本人が殺し屋に依頼したとされている。

これらの事件が表しているものは何か。

Mさんの事件は背後関係がはっきりとしていないが、おそらく金やビジネスでトラブルになっていたとみられている（現地警察によれば、「それ以外に殺される理由がないから」ということだ）。

金が人を殺しに掻《か》き立てる

フィリピンに10年以上暮らしていた友人に言われたことがある。

「フィリピンでは簡単に殺される。その理由が金なんだよ。親子の情も夫婦の絆も、金の前にはなんの役にも立たない」

彼は身近なところで殺人を経験していた。

フィリピンで働いているときに雇ってくれていた社長が殺されたのだ。その話に興味を持ったので、当時の話を聞いたことがある。

殺害された社長は日本人で、年の離れたフィリピン人の奥さんがいたそうだ。社長は日頃から「妻が財産を独占しようとしている」「殺されるかもしれない」と周囲に漏らしていたようで、案の定、自宅で射殺されたそうだ。

殺害時の状況としては、犯人は鍵をこじ開けることもなく侵入し、争った形跡もなく銃撃されたという。そして現場では社長夫人と、その愛人（彼氏）が一緒だった。

子どもでもわかる状況である。

誰が主犯なのか一目瞭然なのに（おそらく夫人が計画し、実行は彼氏か彼氏が雇った殺し屋だろう）、犯人が捕まるどころか、警察はすぐに捜査を打ち切った。夫人が警察を味方につけているということだ。

友人にしてみれば、夫人に逆らったら次は自分の番である。友人はすぐに会社を辞めて逃げようとした。その際に「一緒に連れていってくれ」と言ってきたのは、社長と夫人の間にできた息子。「次に殺されるのは自分だから」と言っていたが、「巻き込まれるのはごめん」ということで友人は関係を切ったという。

ここまでの情報で見えてくる犯人像は、

・警察を味方にすることができる。
・わずかな報酬で殺しを請け負ってくれる人がいる。
・彼らは黙って刑務所に入ることもいとわない。

こんな感じだろうか。

そんな連中がそこらへんにいる環境では、ちょっとしたトラブルだって殺害に至る動機になることも珍しくない。そんな環境にいれば、殺したら利益を得られるような財産＝金を巡った争いが、動機として十分な理由となるのかがわかるだろう。

日本なら、いくらもらえば人を殺せるか

金に取り憑《つ》かれた人たちの頭の中は、いったいどうなっているのか。それは、無計画と計画性がいびつに同居している状態にある。

どうやったら金が手に入るのか。そこにばかり考えが集中していると、殺し方については雑だったり、完全なアウトソーシング、つまり人任せにしたりできてしまう。一歩間違えば、自分を破滅に追い込むような殺人行為の善悪の判断よりも、金への執着が優先してしまうのだ。ここまでの事件を見てもらえばそれがよくわかるだろう。

日本国内だと、殺し屋を用いた事件というのが発生しにくい。結果、首謀者＝殺人者になることが多い。メディアでも事件の背景や犯人の人間性、殺人行為の残虐性や身勝手な動機などがセンセーショナルに報道されてしまうことも珍しくない。

多くの情報が溢れていて、本当の動機が単純に金であることを覆い隠してしまうことすらある。無理やりこじつけているような報道を見ると、むしろ、見ている側が犯人の複雑な事情を望んでいるかのようにも見える。だが、私からすれば、殺人の動機が金であるというのは、愛憎のもつれといわれるよりもわかりやすい。

以前に裏社会を取材する同業の友人・知人たちと、いったいいくらなら殺人に発展するのかの線引きを考えたことがある。

裏社会モノを書いている作家が「100万じゃ無理だよね」と言った。この意見にみんなが同意する。発言者である彼は、できない根拠として、頑張れば稼げるような額では受けたくないだろうとの理由を示した。これにも同意だった。

では、一回こっきりの仕事で、どうすれば自分の心が動くのか。自分が殺し屋として動くかもしれないとして、「心が動く金額はいくらなのか」を考えていく流れになった。

イメージを巡らせて、少しずつ値段を釣り上げていく。

「億か?」と誰かが言った。一瞬同意しかけるが、すぐに打ち消す。現金だとしたら、あまり多すぎても隠しきれない。そもそもそんな額で殺しを依頼するのは現実離れしていてイメージできないからだ。

では、現実的な額面を想定するとしたら、自分が刑務所に入ったとして、出てきてからの再出発の資金か、家族に残してそれなりに生活できる金額になる。

そんなふうに考えて話し合った結論としては、「１０００万円」だった。それぐらいの金額なら人間は相手の生命を秤《はかり》にかけるようになると予想し、結論づけたのだった。


この金額が案外正しかったのは、その後、別のところから知ることになった。

日本国内で殺しを請け負ったという「殺し屋」に話を聞いたときに、彼の受け取る報酬が１０００万円だったという話を実際に聞いたのだ。

気になるのは、実行犯である彼が、なぜ１０００万円で仕事を受けたのか。そのときの頭の中である。何を考えていたのだろうか。

「どうして、１０００万円だったのですか？」

質問をしてみたのだが、返ってきた答えは「人を殺《け》すのにそれ以上出せるんだったら、別の方法でやるでしょ」とのこと。

シンプルかつ理にかなっている気がした。そして、裏の世界の恐ろしさが垣間見えた。

ともかく、日本人で殺しを思い浮かべる人の頭の中には、もしかしたらこの金額が入っているのかもしれない。

誤解がないように強調しておきたいことがある。それは、フィリピンでは邦人が殺されるケースがあるということでまとめてきたが、観光客が殺されるような凶悪事件はそれほど多くないということを断っておきたい。フィリピンは大半の旅人にとって楽園であり、決して地獄のような場所ではないということを遅ればせながら強調しておきたい。いまさらかもしれないが。

命の値段

「命をお金で買うことはできない」

様々な作品のなかで、正義感のほとばしる主人公のセリフとしてよく使われる言い回しだ。同じように思っている人は多いのではないだろうか。

私はどうもこの言葉が信じられない。

命は尊いものではあるが、世界を見渡してみると、個人の尊厳のみならず（主に人身売買）、命の継続をお金で買うこともできるし（主に医療費）、命に値段をつけられる状況がある。それもまた理想論や綺麗事では片づかない世界の現実である。

だからといって、極論的に人身売買や臓器売買、または殺人の依頼料金の相場のみのことをいっているのではなく、一般市民として生きているような人であろうとも、「命をお金に換算する」局面があるということなのだ。

代表的なのは死亡時の補償である。生命保険は掛け金に応じて変動するが、損害賠償（慰謝料）の場合には、死亡者の価値をお金に置き換えなければならない。誤解のないように言っておくと、金額は亡くなった方の本当の価値ではなく、生涯でいくら稼ぐ予定だったのかなどのあらかじめ決められた基準に沿って算出されることが多い。事故などで命を取りとめた場合でも、医療費や後遺症に対する補償としての慰謝料が発生する。

日本では、交通事故の場合に金額が億単位にいくのは稀で、重傷を負わせた場合の賠償では数百万円（軽い怪我）〜数千万円（大きな後遺症が残る）が算出される。ケースによって異なるので一概にはいえないが、治療費は長く通院すればするほどかかり、保険会社などが入って処理されることが一般的なやり方である（これ以上、詳しく知りたいときは自分で保険に入ってみるのがいいだろう）。

ところが、国が変われば、それが常識ではなくなるところもある。

重体と死亡の境目

以前、フィリピンの首都マニラで、郊外に暮らしている友人の車に乗っていたときのことだ。運転していたのは、彼が現地で出会って結婚したフィリピン人の奥さんだ。彼女は慣れた感じで運転していたが、マニラの交通事情は、経験したことがある人ならわかるのだが、本当にひどい。渋滞して1、2時間動かないなんてこともある。わずかでもスペースができれば前進するし、抜け道がありそうならば、強引に侵入していく。

そうなると、必然的に運転も荒っぽくなる。日本では取材のときにレンタカーを使うぐらいの頻度でしか運転をしない私からしたら、これで事故にならないのが不思議でならない。気になって仕方ないので、聞いてみることにした。

「こんな運転していたら事故にあったりしない?」

「フィリピンは事故が多いのよ」

事もなげに言う彼女に対し、「それならもっと安全運転すればいいのに」と思うのだが、強引な運転が当たり前の社会では、彼女だけが改めたところで意味がないのかもしれない。

そう思えばどうでもよくなる一方で、彼女の回答を受けて、余計に気になっていたのは、フィリピンで事故が起きたときにどんなふうに処理されるのかだ。自分の知らない海外事情には、なんでも興味を持ってしまう。

「日本では事故が起きたら警察とか保険会社に連絡するんだけど、フィリピンではどういう処理の仕方をするのかな？」

「そんなの日本と同じよ……って、言いたいところだけど、違うところもあるの」

「どういうこと？」

運転中ということでちょっと困った表情を浮かべていた彼女に代わって、友人が説明を続けてくれた。

「この国でも事故は日本と同じように処理されるよ。でもね、お金が安いんだ。死亡したとしても10万ペソ（約22万円）ぐらいの賠償金で済んでしまう。むしろ大変なのは相手の車が高級車だったときだね」

「どういうこと？」

「フィリピンだと、トヨタの新車で４００万～５００万円ぐらい。かなりの高級車になるんだよ。ほかの外車になったらもっと高いかも」

「こっちの物価水準からすると、相当な金額になるね」

「輸入車だと関税がかかって高級車になってしまう。つまりだね、修理代もかかるんだよ。群を抜いた金持ちなら自分の車の修理代なんて気にしないんだろうけど、なかには背伸びをしていい車を買っている人もいる。その車に万が一ぶつけてしまったら何を考える?」

「高くて修理代が払えない!」

「そうなんだ。数十万ペソ単位の修理代を請求されてくる。修理に使うパーツも輸入品で高価なんだ。それを知ってるから、高級車にぶつけた加害者は、法外な修理代を請求されたらたまらないって思って、その場から逃げちゃうこともある。おかしな話なんだけどね」

「でも、大事故になってしまったときはどうするの? そういうときのほうが車の損傷がひどいんじゃない?」

「そこが問題なんだよ。大怪我を負わせてしまった場合に、この国の人のなかに恐ろしいことを考えちゃう人もいるんだ。怪我をさせた相手から治療費を請求されるよね。加害者が考えるのは、相手がいつまでも病院に通ったり、半身不随とかの重症になった場合には、いくら請求されてしまうかわからない、ということ。そうなると、むしろ死んでくれたほうが10万ペソ(の賠償金)で安く済むって考えるんだ。その結果、重体の相手を轢《ひ》き殺すってことも起きちゃうんだよね」

命の値段が安いことよりも、命の価値をどのように思っているのかを考えると恐ろしくなった。奥さんのほうが、補足するように言った。

「フィリピンの人は事故を損得で考えてしまうんです。だから、相手が死んだ場合には修理費＋10万ペソで考えるだけなんです。加害者は被害者の容態を気遣うよりも、お金のことで頭がいっぱいになるんです」


帰りがけに友人から「パッと見で外国人ってわからないと、お前も事故にあったときに瀕死だったら、トドメ刺されちゃうから気をつけろよ」と言われた。

私は主にアジアの旅先でよく現地人に間違えられやすいため、彼も冗談混じりに言ったのだろう。外国人だと大きな事件になりがちなので、警察もきちんと動いてくれるらしい。でも、そんなことは気休めにもならないが……。

正義より自分の経済的なメリットを優先するという危険な思想に触れたことで、その後の取材でも「重体と死亡の境目」に注目するようになった。同時に、加害者側の考え方にも考えさせられた。

残業するぐらいなら「殺してやる」

命の価値と正義について、再び考える機会を得たのはケニアを取材しているときだった。地元の治安について調べる一環で、元犯罪者に話を聞きに行ったのだ。

「警察が怖くて、俺は窃盗団を辞めたんだ」

元犯罪者と連絡を取った際に、相手方から「とにかく警察に見つからないようにして会いたい」という要望が届き、慎重に場所を選び、喫茶店の奥にある休憩所と倉庫を兼ねたようなスペースで待ち合わせることにした。

そこで待っていたのは30歳になるかどうかの青年だった。彼には、地元の窃盗団の活動について、具体的なエピソードを経験者として語ってもらうつもりだった。

それが最初から想定外の方向に話が展開していった。

「ガキの頃からの仲間と一緒に窃盗団を始めたんだが、生きるために仕方なかったと思う。悪いことをしている自覚はあったんだ。だから、捕まったら更生しようかな、と思っていた。

それなのに全員、警察が殺しやがった」

聞きたかった話とは違うが、それはそれで興味深いので、もう少し掘り下げてみることにした。

「殺されたってどういうこと？」

「盗みに入ったあと、警察に追いかけられた。そのときに警察はいきなり銃撃してきたんだ。何度も撃ってきた。それで、仲間は次々に倒れて死んだ」

「ガンショット」と連呼する彼の目は完全に憎しみと恐怖に支配されているようだった。

「君は撃たれなかったのか？」

「俺には弾《たま》は当たらなかった。ほかにも死んでいない仲間はいたんだ。それなのに警察は、動けないそいつを撃ったんだ。生き残ったのは俺だけ。逮捕すればいいのに、殺すなんてひどいじゃないかと言ったら、取り調べには俺がいれば十分だから、ほかはいらないって言ったんだ」

自業自得だろという見方があるのはわかる。犯罪を実行したことについて擁護するつもりはない。ただ、警察が正義を執行したとは思えないということを強調したいのだ。

警察官は法の番人である。それが理想論なのもわかっている。だからといって、「ほかはいらない」という警察の発言は、単に犯人の人数が多いことを嫌がっているというだけだ。

事件が起きれば取り調べや調書を取ることが必要になる。そうなると警官たちは残業することもあるだろう。それを敬遠して、取り調べの人数を減らそうとする考えが、現場で犯人を減らすために殺すことにつながっているのだ。つまり、取り調べや調書を取るのが面倒だから殺しているということを示しているのである。

そんな理由でトドメを刺してしまうというのは、いくらなんでも危なすぎる。犯罪者だってもう少し別の理由で銃の引き金を引くだろう。大義名分としては、犯罪者の逮捕という正義を執行しているのに、それに付随して、「余計な作業を発生させないようにしよう」という考えが顔を出す。

単純にいえば、「面倒くさい」である。この考えは、多くの局面で凶行を引き起こす危険思想の根源になるものである。私は「面倒くさいという病」だと思っている。

命を奪うことに正義がどのように関わっているのか、ここからは別の角度からも見ていきたい。

第3章　スラムという現実

スラムは安全で住みやすい

ここからは、〝スラム街に暮らす人々〟が何を考えているのか、頭の中に迫ってみたい。まず、最初にしておきたいのは、スラム未経験者にありがちな誤解を解くことからである。よくある誤解とは、「スラム＝危険地帯」という前提のことである。もちろん危ない部分もなくはないので、危険だと思う人がいるのは無理からぬ部分もあるのだが、スラムは決してヤバイだけの場所ではない。

どうしてそこまで断言できるのか。それは、私がこれまで見て回ってきたスラムに共通していることがあるからだ。

そこには、ごく普通の人々の暮らしがある。

「大都市部で形成される低所得者層の密集住宅地で、不法占拠によって生まれることがある」。これはわりとしっかりとしたスラムの定義になるのだろうが、私は「貧しい人たちや、問題のある人たちが密集して住んでいるエリア」ぐらいに考えている。細かな定義などは、多くの人たちが集まって暮らすことで生まれる圧倒的な存在感の前には、どうでもいいことだと思っている。スラムに行くのは、枠組みをどう定義するのかよりも、そういった場所に暮らしている人たちの現状を知りたいだけだからだ。

話を戻すと、「スラムは危なくない」という私の主張の根底にあるのは、「スラムが暮らしの営まれている場所である」という事実だ。スラムには、家族を最小の単位として、それより大きな単位としてコミュニティ（共同体）がある。日本のように核家族や一人暮らしが一般化しているほうが珍しいと思う。

大きなコミュニティが維持されるということは、水道や電気など行政が主導するライフラインのほか、治安もある程度は確保されていることになる。そのため、取材で住人に対して、「ここは安全ですか？」や「住みやすいですか？」などと問いかけても、「安全で住みやすい」と返事される。

「でも、スラムって犯罪が起きるよね？」

そんな疑問を抱く人もいるだろう。犯罪が起きる場所だから危ないという認識、それ自体は間違ってはいない。

先ほどの回答には、「ただし」で始まる「続き」があるのだ。たとえば、東南アジアやアフリカのスラムでは、「ただし」＋「住人だったら（襲われない）」や「昼間だったら（大丈夫）」という条件が加わる。

襲う側は近所の住人を相手にしない。金がないこともあるし、あとから復讐されないとも限らない。また、安全なのが昼間に限定されるのは、夜になるとスラムに出入りしているよそ者が入り込んでくるからだ。スラムの住人ばかりが犯罪をするわけではないという意味が含まれている。

限定的ではあるが、ある程度の治安が確保されているのがスラムなのだ。暮らしがあるということは、そこにはルールが存在する。暗黙のルールは、人々の習慣として基本的な考え方にかなり強く根ざしていることが多い。

スラムのルール「富の再分配」

こうした住環境は、どこのスラムでも似ていることが多い。そのせいだろうが、共通している、どこでも見受けられる考え方がある。それは、「富の再分配」がもたらす平等主義という考え方だ。簡単にいえば「ジャイアンの思想」のアレンジである。

『ドラえもん』を知らない人のためにジャイアンについて一応説明すると、ジャイアンは物語のなかでの立ち位置としては番長。主人公の友達ではあるが、基本的には傍若無人。自分のものだけじゃなく、まわりの人の持ち物も所有物にしてしまう。

さすがにそれだとスラムライフでは角が立つので、「お前のものは俺のもの、俺のものは俺のもの。だけど、それだと君が怒るから、少しは俺のものものもあげるよ」といった感じである（後半の気配り部分がアレンジである）。私がジャマイカでの取材で遭遇したのは、まさにこの考え方だった。

スラムで道案内を頼んだ住人に謝礼を渡した。それまで案内を頼んでもいないほかの住人がぞろぞろとついてくることがうっとうしかったのだが、案内人は取り巻いている住人たちに酒を奢り出した。はじめはその意味がわからなかったのだが、自分がお金をもらったので、「みなさんもどうぞ」的な意識が働いているようだった。

このことを在住歴の長い友人に確認したところ、「ジャマイカではよくある習慣」と教えられた。彼らは総じて貧しく、普段から助け合いの精神が当たり前にあって、意識することもないぐらいだという。外出用に使える一枚のシャツを共有することもあるほどだ。

そのため、収入があったら、お金を持っている人が持っていない人に何かを買ってあげたり、ご馳走したりするのが当たり前なのだ。

贅沢をした男が受けた〝処罰〟

一見すると理想的な助け合いである関係性に思える。

だが、ここに落とし穴がある。

当たり前のことを実行しないやつは、コミュニティから爪弾《つまはじ》きにされるのだ。日本でいうところの村八分である。

以前、ジャマイカのとあるスラムに長く住んでいるある外国人がいた。もちろん、この習慣は知っていたし、住人たちに助けられて暮らしていた。このままであればなんら問題はなかったのだが、あるとき、その外国人のもとに本国の親戚の遺産が転がり込んだ。するとその人は、コミュニティに還元することなく、自分の家の家具を新しくしたり、自分の贅沢のためにだけ浪費した。

結果、その家は集団強盗に襲われることになった。犯人は地域住人である。

外国人にしてみれば、たまったものではないと思うのだが、住人たちも同じことを考えていた。何せ、転がり込んできた遺産は、コミュニティみんなに還元されなければならないからだ。

どうしても自分だけで使いたかったなら、遺産をもらった時点で、せめて引っ越すべきだった。同じ地域に留まっていたら、このような結末は火を見るより明らかだ、と友人は教えてくれた。

成功したジャマイカのアーティストがたいていアメリカに移住するのは、こうした習慣がうっとうしいから、などこの国の「平等主義」にまつわるいろんな話を聞く。いずれにせよ底辺なりの助け合いに見える習慣もちょっと視点を変えるだけで、裏切りを許さない危険な考え方にもなりうるということなのだ。

「1回50ドル」スラム街ツアーの裏側

スラムを取材する側の悩みどころについて、少し紹介してみたいと思う。

インドネシアの最大都市ジャカルタを訪れたときのことだ。在住の友人から、街の外れのほうにスラムがあるという情報を聞いた。コタ地区という風俗やクラブの集まるエリアからほど近い。スラムを取材するのはライフワークとなっているので、当然のように行ってみることにした。

町並みはいたって普通。中心部の高層ビル群とは違って低い建物が並ぶ。開発が追いついていない、あるいはこれからの場所なのだ。

事前にツアーガイドを予約した。待ち合わせに指定されたカフェの前にいたのは、50歳ぐらいの男だった。英語を操り丁寧に挨拶をしてくれた。友達が気を回して手配してくれたのだが、いつも一人でスラムを好き勝手に歩いている身からすると、参加すること自体に居心地の悪さを感じる。ちなみに一人50ドルぐらいとられるが、そこに引っかかったわけではない。

それでも参加したのは、せっかく友人がくれた情報だったから、そこに乗っておこうと思ったのが半分。あとの半分は、ツアーガイドがどのようにスラムを案内するのかが気になったからだ。

当日になって知ったのだが、スラムの子どもたちに何かプレゼントを用意してほしいというリクエストがあったようだ。あくまで「できれば」というリクエストだったので、別になくてもいいだろうと友達と話し、気にしてもいなかった。

参加者は白人の熟年夫婦、白人の女性といった感じで外国人観光客が多かった。彼らやガイドと一緒に川沿いのスラムの入り口に向かう。

湿地帯の上に建てられた家は木造で、貧相な感じがした。住人たちは着古した感じの服装をしている人がほとんど。ただ、子どもたちが走り回っていて、貧しいながらも楽しく暮らしているような感じを受けた。各地のスラム街と変わらない光景だ。

いくつかの集落を回っていると、ガイドからふいに、「ここの家に子どもたちを集めるので、ここでおみやげを渡してほしい」とひとつの建物に案内された。同行していた外国人観光客たちは、カバンから次々に文房具などを出して配り出した。その「思っていたよりも本格的なおみやげ」が配られる様子を見て、手ぶらで来た私たちはいたたまれない表情になってしまった。

（まずいな〜）

内心、罪の意識で押しつぶされそうだった。実際、おみやげをもらった子どもたちは過剰に見えるほどに喜んでいた。

あまりの居心地の悪さに、ガイドの目を盗んで家の裏に行って、タバコを吸って緊張を和らげようとしたが、箱の中は空っぽ。途中に売店があったのを思い出し、「スラムで売ってるタバコでも買っておくか」との軽いノリで、店を探しに行った。すると、なかなか見つからない。ようやく見つけて買って戻ると、今度は先ほど集められた家の真裏に出た。こういう〝迷宮〟感もスラムの面白さである。

家の真裏で予想外のものを見た。先ほどまで、子どもたちを紹介してくれていた親と思われる中年男性が、室内でハンモックに揺られながら、iPhoneを握って、iPadで読書をしていたのだ。部屋にはパソコンも置いてあった。

別に何も悪いところはない。ただ、文房具ひとつで喜んでいた子どもたちの家の人にしては、持ち物の階層が合わないように思った。

ツアー側の「仕込み」だったというわけではないだろう。おそらく、彼らは実際に貧しいだろうし、外国人からプレゼントをもらった子どもたちは素直に喜んだのだと思う。ただその喜びは、貧しいからではなく、子どもならではの異文化体験に対するものだったのかもしれない。家主の男にしても、今日、明日食えないような貧乏人として紹介されたわけではない。

問題は見せる側ではなく、見る側にある。見学している側が、「この人は貧しい人で大変な暮らしをしているんだ」と思ったに過ぎないのだ。相手に対して見たいものを投影して見ているだけなのだ。

震災の被災者像と同じ「フィルター」

「NPOフィルター」――ここで思い出したのは、この言葉だった。一般には耳慣れないだろうが、東日本大震災の際に取材者の間で使われることがあったのだ。

被災者は何もかも失ってしまった。だからどんなものでも必要だろうと、明らかな不用品を送りつけたり、ボランティアとして訪れたのに「支援しに来たんだから宿にタダで泊まらせろ」と見返りを要求したり、被災者が元気だと「がっかりした」と平気で言ってしまうような人たちがいた。

彼らは、「モンスターボランティア」「押しかけボランティア」などと忌避された。

自分たちの理想とする被災者像を押しつけ、現実と乖離《かいり》した支援を強要するという問題は、記憶にある人もいるかと思う（震災ボランティアの方々の行動の前提には、とにかく助けたいという善意があるのは間違いないので、全面的に否定したいわけではなく、あくまでそういう人もいたというぐらいに理解しておいてもらいたい）。

震災後も、似たような現象をほかの場所でも耳にするようになった。ＮＰＯなどの支援する側が、相手に期待やイメージを押しつけるケースはよく聞いた（私自身、ＮＰＯそのものに対してもマイナスな感情はない）。

残念なことに震災支援の教訓などは、集合知として蓄積されにくいので、受け継がれにくい。こうした現象の記憶は、時間とともに薄れてしまう。「喉元《のどもと》過ぎれば熱さを忘れる」の典型のような事例だと思う。

自分が見たいように見る

話を戻すと、スラムで私が見たことも同じなのだと思う。ツアーガイドは、自分の見せたいところを見せ、それがフィルターとして作用する。ツアーガイドはプロなので、「正しいスラム」を見せることは可能だろう。それに、彼らが案内するスラムも、本当の姿のひとつではある。だが、そこがスラムの実態すべてなのかといえば、違うところだって出てくる。

だからこそ、自分で見たものをもとに、自分で判断するべきだと思っている。

ただ、「人は見たいものを見たいように見る」ということを忘れないほうがいい。もしあなたがスラムツアーに参加したとして、心のどこかで悲惨な生活を見たいと思っていたら、ツアーガイドがどのように語ろうとも、あなたは集落の悲惨な場所をフォーカスしてしまう。たとえ、スラムの人がたまたま休日に家で寝ているだけだとしても、「ああ、仕事がなくて体力を使わないようにしているのか」と考えてしまうのだ。

先ほどのNPOフィルターの例もあるが、先入観を投影してしまうのは、誰にでもありえること。陥りがちな失敗である。優しい人の素顔が凶悪な強盗かもしれないし、素直な子どもがドラッグの売人かもしれない。

思い込みで本当の姿を見る目を曇らせてしまうのは、すぐに危険と断じることはできないが、状況によっては危険をもたらす引き金となりかねない。そのあたりは私にもいえることなので、自戒の念を込めるためにもここに語っておいた。

第4章　裏社会の掟

スラムと裏社会は同じではない

スラム取材をルポとして発表して、気がつくことがある。それはスラムと裏社会を同一視する人が多いということだ。危険地帯＝スラムと捉えられがちだと先述したように、スラムは誤解されやすい。

たしかに貧困層が犯罪組織と結びつきやすいという事例は、中南米からアメリカ全土で勢力を拡大するMS-13のような凶悪ギャング組織など、世界各地で見られる。だが、実際にスラムと裏社会を取材している立場からすれば、両者はまったく別の存在だと断言できる。

エリアやコミュニティのことを指すスラムに対して、犯罪者の集団である裏社会の「組織」とではそもそも種類が違う。これらを同一視する誤解が生まれるのは、スラムに犯罪組織の構成員が住んでいることが多いからだろう。

同じ場所に暮らしていても価値観や考え方がまったく異なるのは、日本を見ても明らかだ。スラム街に暮らす人々のなかには、いろんな価値観の人がいる。先入観での決めつけはスラム街の本当の姿を見誤りかねないと再度強調しておきたい。

また、この見方は裏社会に生きる人々とて同じことで、残虐な犯罪をしているギャングメンバーであっても、個人個人を見ていけば、喜怒哀楽もあるし、家族だっている。そのあたりは我々となんら変わりはない。もし違うことがあるとしたら、犯罪組織ならではの特徴的な危険な考え方があることだ。

裏社会ルール①縄張り

私が見た限り、裏社会の考え方の特徴としては、「縄張り」「ボスへの忠誠（裏切りの禁止）」「アンチ警察」が際立っているようだ。それぞれ言葉の意味をなぞるのではなく、私が実際に見てきた範囲の実態を通じて説明していこう。

まず、彼らの「縄張り」だが、国境のようにフェンスやゲートが設けられるといった明確な線引きがあるのではなく、組織の影響力が及ぶ範囲のことをいう。最小単位は建物だけのこともある。大きくなると都市全体や複数都市を支配下に置いている。おおむね組織の数だけ縄張りが存在している。縄張りを持たない組織は存続しえない。

縄張りとは、つまるところ犯罪組織が、所属する集団を食わせるための経済基盤なのである。自分たちの支配エリアの中でなら、カツアゲや強盗、麻薬の取引をしてもほかの組織から怒られることもなく、敵対的に動くとしたら警察だけである（警察からすれば取り締まりなのだが）。とはいえ、あまりやりすぎると警察の介入が本格化してしまう。裏社会には裏社会なりの秩序が存在しているのだ。

秩序は縄張りを守ることで保たれる。たとえば、対立組織というのは、隣り合うことが多い。時代や地域、規模のいかんを問わず、隣人とは相容《あいい》れないというものである。犯罪組織も例外ではない。お互いの領域を侵さないのは、もっとも基本であり、最重要なルールでもあるのだ。

エリアの縄張りは通りを境界線にしている。そこを別組織のメンバーが踏み越えたら、「殺す理由」として十分なものになる。以前、ジャマイカを取材したときに、私がアテンドを頼んだギャングは、「この先の通りまでは俺たちの縄張りだが、そこを越えたら殺されても文句を言えない」と語ってくれた。

それほどまでに裏社会のルールというのは絶対なのだ。

「縄張りを出ないの？」と聞いてみた

このあたりは裏社会系の作品を見ていたら仕入れられる知識かもしれないが、実物のギャングに出会ったら、直接聞いてみようと思っていたことがあった。

「普段の生活で縄張りから出ないの？」

これである。人間である以上、自分の生まれた場所や生活圏から出なければいけないこともあるだろう。そういうときにどうしているのか。

アメリカ・ロサンゼルスのサウス・セントラル。グレープ・ストリート・ワッツ・クリップスというギャングを取材した。彼らは黒人のギャンググループとして最大規模の「クリップス」の一派で、数百人は所属しているという大所帯のメンバーだった。犯罪歴や生活のスタイルなどのインタビューを重ねていくうちに、縄張り出入り問題についての質問をしてみた。

「あなたたちは縄張りから出ないんですか？」

「出ない」

「でも、買い物とか、役所の手続きとかあるじゃないですか」

「だから、出ないんだよ」

苛立っているのがわかる。その後もあれこれ聞いてみたところ、「車で通過するとしても顔を隠すよ」。最後のほうでようやく本音のような部分を聞くことができた。

彼らが自分たちの縄張りを出ることは本当に滅多にないことらしい。ジャマイカでも聞いたことだが、よそ者が別の組織の縄張りに入るだけで、抗争の原因としては十分だというところは同じなのである。

「クリップス」のメンバーたち

ただ、この点に関して、別の視点からの興味深い意見も聞くことができた。ロスでの取材のあと、現地で通訳をしてくれた知人が、「彼らは縄張りの中にいると強いけど、一歩外に出たらものすごく不安そうなんだよ」と言ったのだ。続けて、「だから彼らは、縄張りの外で就職することも進学することも難しいんだ」とも言った。そこに含まれるニュアンスを理解してからは、縄張りが「支配エリア」ではなく、「監獄」のように見えてしまった。

裏社会ルール②ボスへの忠誠

裏社会に共通する考え方として、「縄張り」について述べたあとに説明するのは、「ボスへの忠誠（裏切りの禁止）」についてだ。

これは、縄張り意識よりもっと内向きに対する考え方である。ドメスティックでセンシティブでデンジャラスである。説明しにくいところをカタカナ英語でごまかしている感は否めないが、とにかく面倒で危ない考え方なのだ。そのあたりの説明を兼ねて、悪いやつらが組織の人間関係についてどのように考えているのかを紹介しよう。

忠誠心であり、裏切りの禁止。これは表裏の関係である。裏切られないという関係性は、そのまま忠誠心のある上下関係になるからだ。

どんな組織でも忠誠心の植えつけ方は２通りある。

ゆっくり植えつけるか、強烈に植えつけるかだ。

ゆっくりのほうは、「餌付《えづ》け」である。

スラムで仕事にも就けず、学校にも行けない子どもたちのなかで、見どころがありそうなやつらに食事や仕事を世話する。仕事といってもちょっとした小間使い程度である。タバコを買ってくるとか、飲み物を買いに走るとか、少し大きな子になるとメッセンジャーぐらいのことはするだろう。そうした労働の対価にお金が支払われる。徐々に仕事のランクも上がっていき、兵士（ソルジャー）になっていく。

女性による男の操縦法ではないが、胃袋と巾着袋（財布）を掴まれると、人間は「大変お世話になった相手、恩人」と認識する。そのため、その人＝ボスの支配下に入ってしまうのだ。幼少期から思春期に至るまで長い時間をかけて餌付けされたことで、ボスに対して絶対の忠誠を示すようになる。

忠誠心を強烈に植えつけさせるには、決して裏切らせないような通過儀礼を経験させる。具体的には殺人やその手伝いである。単独ではなく組織の先輩が手伝ったり、若手のグループで実行させる。トドメを刺させたり、遺体の処理を手伝わせることで共犯意識を生み出し、裏切りを防止するのだ。特にこの殺人が組織の裏切り者に対しておこなわれたときには、「裏切ったらこうなる」という現実を突きつけ、恐怖心を植えつけることになる。恐怖による支配は、日本のヤクザも殺人ではなくリンチや犯罪行為などで同じ手法をとることが多いので、裏社会的にはポピュラーなやり方だと思っていただいていいだろう。

裏社会ルール③アンチ警察

最後は「アンチ警察」だ。

これは、すべての組織に完全に共通しているというよりも、「比較的そういうところが多い」というのに留まる。というのも、警察そのものが裏社会に近かったり、権力を握っていたりすることがあるからだ。

警察との力関係は裏社会の発展段階によって変化する。

小規模な集団が組織化していき組織同士が結びついて大きな連合体になる。こうした裏社会の成長が起きるのは民主主義の資本主義経済の国においてだ。こうした国だと組織が大きくなると警察との結びつきが強くなっていく傾向にある。やがて政府の力が強くなると、裏社会が一斉に取り締まられる。日本はこの段階にあると筆者はみている。

他方、独裁国家や軍事国家では、警察権力や軍の力が強すぎて、裏社会的な勢力はきわめて脆弱。アンダーグラウンド・マーケットのブローカー的な連中が大半になってくる。そうなると政府側の組織の一部は、警察が主体となって裏社会的な機能を果たすようになるのだ。ギャング的な連中は警察の下働きの扱いになる。

さて、本章で紹介しているようなスラムを根城にするギャングは、おおむね資本主義国の小規模なギャング集団である。彼らは、力のないときは警察を避けて活動する。警察の力が強いケニアで出会った強盗団のメンバーは、「警察が嫌いだけど、やつらは権力があるので逆らえない」と言っていた。日本でも警察と敵対するようなことはない。警察の力が強い段階にあるからだが、内心では「邪魔だ」と思っている。

では、警察より力をつけた裏社会が生まれた場合はどうなるのか。それがメキシコ麻薬戦争（136ページ）だったり、ブラジルのファベーラ（スラム街）にいるギャングたちである。彼らは警察を恐れない。自分たちの武装と人数と組織力に絶対の自信を持っているからだ。ブラジルでは組織の仕事（＝殺人）を請け負うと、組織から報酬が出る。ターゲットに応じて支払われるのだが、警察については1リアルも出ない。

「警察を殺すことは当然のことだから」

どうもそういうことらしい。このようにどの段階にあるにせよ、裏社会と警察というのは、最終的には相容れない。日本でも、第二次世界大戦後の闇市でヤクザと警察が共闘関係にあったという闇の歴史がある。ある時期共闘関係があったとしても、最終的に相容れないのは、現代日本のヤクザと警察の関係を見れば明らかだろう。矛盾と非論理的な関係性を繰り返したりするのも現実として起こりうるのだ。

裏社会を見る側も、頭の中を論理的にしてしまうと、混乱してしまう。犯罪を生業とする連中や、そこで起きていることは、それほどカタギ社会の価値観では非論理的なのだ。

最後にこうした裏社会でありがちなことだが、もっとも恐ろしいのは、彼らが思考停止状態にあることだろう。「なぜ争っているのかわからない。上の世代が争っていたから自分たちも抗争する」。ロサンゼルスのフロレンシア13というグループに所属していたギャングが言っていたことだ。

彼らの行動原理の根本を探っていくと、このように「何もない」ということも珍しくない。そのこと自体、彼ら自身が一番よくわかっている。だから、そこを深く追求することはしないのだ。そうなると現状を打破するとか、ギャングの一掃など簡単にできることではないというのがよくわかるだろう。当事者たちですらわかっていないのだから。

第5章　本当は危ないセックス

売春を取材する理由

世界の人たちの考えていることや頭の中にあるヤバイことを集めていくなかで、わりと簡単に集まるだろうと思っていたのが性にまつわることだ。

「人の性は悪だ」

私の愛読する漫画『軍鶏《シャモ》』の主人公・鳴嶋亮（親殺しの殺人犯）が、少年院でほかの少年たちにレイプされた際、モノローグとして描かれた言葉で、私のなかでずっと引っかかっていた。

この言葉に集約されるように、セックスとは深く相手を傷つける凶器になる。その一方で人が人として子孫をつなぐための〝聖なる〟営みでもある。

セックスは多面体。見方、使い方によって様々な顔を見せてくれるということなのだ。そこには、性をビジネスにする人もいれば、日本人のセックス常識とはかけ離れたものもある。なかには、『軍鶏』の例ではないが、「やべえな！　おい！」と言いたくなるようなこともある。

ここからは、性にまつわる世界の人たちの危ない考え方について紹介していきたい。

一般的には、食欲、睡眠欲、性欲が「人間の三大欲求」とされている。このなかで、事件、トラブルに発展する可能性を孕《はら》んでいるのが性欲なのだと思う。

人間が生きるために必要な欲求ではあるが、性欲はもっともビジネスになりやすい。ビジネスとしての目線でセックスを見ると、えげつないものが見えてくる。

私が海外を取材する際に必ずチェックするのが、ドラッグ、そして売春である。売春はその土地の裏社会を見るためには欠かすことのできない要素だからだ。

売春にも種類がある。

世界には売春が合法化されている国や地域がある。そういったところでは業者は税金を納めているし、管理売春が徹底されている。

一方でグレーゾーンに置かれている国もある。法律的に売春は禁止されているが、それを素人同士の恋愛として処理する。店はあくまで場所を提供しているに過ぎないという解釈である。日本はここのカテゴリに入る。大いなる矛盾ではあるが、そうやって成り立っている社会は存在して現実に稼働している。

ちなみに日本人からすると性に開放的なイメージのあるアメリカだが、実は世界でも有数の売春禁止国である。街頭に立つ娼婦は取り締まりの対象だ。

例外としてネバダ州だけは合法だが、先ほど述べたような管理された売春が主流。そのため非合法に売春しているグループが摘発されるとセンセーショナルに報道されるし、人身売買としてかなり重い罪となる。

私が取材のとき特にチェックするのは、裏社会と関わりの深いイメージがある非合法の売春である。非合法の売春街には多くの情報が集まってくるからだ。

まず、そこを仕切っているグループがいるし、そういうところに来る客には面白いネタを持っている人もいるし、彼らの相手をする女の子たちは必然的に事情通になっていく。しかも、売春街が危ないのかといえば、私の感覚ではそんなことはない。

売春街を仕切っている連中にしてみれば、女は商品で、買いに来る男は客である。そこで無法者をのさばらせるはずもない。

だから私は売春街のことは、「管理された異世界」ぐらいに認識している。もちろん多少の危険もなくはないが、そんなことを言っていたら取材にならない。

取材者の目線からすると、メリットはさらにある。女の子と一定時間密室にこもることになれば、いやおうなしに会話が生まれる。そこで情報収集もできるということで、多用する手段になっている。

プレイのほうは、年齢を重ねていることや、出演しているテレビ番組への影響を考慮して遠慮することもあるが、金払いだけはケチらないようにしている。「プレイしていないからディスカウントしろ」などとは言ったためしがない。こうした世界に生きる女の子たちを評価するのが金であることを、経験上把握しているからでもある。

シリア難民が集まった場所

前置きが長くなったが、セックス産業における危険な思想について紹介していこう。

まずは２０１５年に旅したギリシャでのこと。首都・アテネに入ったのは、当時もいまも世界を揺るがせているシリア難民の取材をするためだった。

同じくギリシャのレスボス島からアテネに渡ってきた人々は、最終目的地をドイツに定めていた（私の取材ルートも同様に定めた）。経由地となる国々は、自国に留まられないように次の国へとパスさせていく。ギリシャの次はマケドニアだ。その国境までギリシャはバス

アテネの公園に集まるシリア難民

を仕立てていた。私は、バスの発着場になっているという市内の公園を訪れた。

中心部にある公園には多くの難民たちがいた。性別は男のほうが多いが、年齢層はバラバラ。それでも共通したところがある。男たちには性欲があるということ。

そのことに気がついたのは、公園での取材にひと区切りをつけて場所を移動しようと思っていたときのことだった。

何組かのグループが公園の裏手から奥の道へと向かって動いているのが目に入った。

男たちは何かを探している様子だった。気になったのでついていくと、なんの変哲もない路地裏にたどり着いた。それで直感的にわかってしまった。売春街だと。

根拠になったのは通りに面したドアの直上に設置されたランプ。それも赤だ。何かのシンボルだとしたら売春宿に違いない。

実は事前に売春の情報を集めようとリサーチをかけていたのだが、日本語の情報ではまったくヒットしなかった。

その場にいても仕方ないので、何人かのグループが入ったドアを観察して、自分もどこかに入ろうとしたときだった。

「＃＄％＆＃＄％＆！！！」

多分ギリシャ語なんだろうが、あいにく未習得の言語だったこともあって何を言ってるかわからない。じゃあ、ほかに習得している言語があるのかといえば、そんなことはないのだが、問題はそこではない。叫び声の主が女性で、おまけに裸だったこと。

思わず目が釘付けになった。

こればかりは男の本能である。仕方がないのだ。

ともかく、これでこの場所が売春街であることは確信できた。赤いランプの灯っているドアを適当に選んで入ってみることにした。こういうドアを開ける瞬間はたまらなくドキドキする。

いざ開けてみると、別段変わったところもない小部屋があった。奥のほうに人の気配がする。

「こんにちは」

日本語で声をかけると人が出てくる。老婆と表現して差し支《つか》えないしわくちゃな女性が出てきた。彼女は英語が話せないようで、こちらが外国人であることがわかると拒絶しているような感じで追い出しにかかる。抵抗しても仕方ないので、こちらも外に出る。

この感じが何軒か続いた。よく見たら、難民グループの連中も追い出されているようだったので、自分だけではないという気持ちにはなったが、まったく相手にされないと、さすがにメンタルが挫《くじ》けそうになった。それでも折れないのが、プロの取材者なのかもしれないと思う。

実際、諦めないと福音がもたらされることもあるのだ。あらためて入った売春宿で、英語が話せる中年女性と会ったのだ。

赤いランプが灯るアテネの売春宿

「日本人です。システムを教えてください」

このチャンスを逃すものかと、自分が客であると英語でアピールをした。ついでに日本人であるという意味のないアピールもした。これに効果があったのかわからないが、彼女は説明してくれた。

「うちは普通のプレイしかないよ。ノーマルセックス」

予想外のことを言われると理解ができない。

「それでいいですよ」

「あなたは、中国人？」

「日本人です」

「そうなんだね。最近、ムスリムの客が乱暴に女の子を扱うんだよ。アナルセックスを強要してくるんだ」

この言葉で腑に落ちた。先ほどの「ノーマル」の意味がわかったのだ。この女性にもう少し説明を聞いて、あらためて来るからと言いながら外に出た。

この日、ホテルに戻ってあらためてネットで検索すると、かなりの数の売春情報が出てきて、しかも私が訪れたエリアが売春街であることも確認できた。私が知った情報を整理すると、わずかな会話のなかに問題点が集約されていた。

イスラム教の性に関する部分を簡単にまとめると、基本的に婚前交渉は禁止である。宗派や地域によっては初夜のあとに血のついたシーツを親族に見せなければならないルールもあるのだという。それでも例外というのはあるもので、外国人を相手にした場合はカウントされないと解釈したり、なかにはアナルセックスはセックスに含めないという考え方もある(同性を相手にしたアナルセックスは禁止されている)。

つまり、「外国人だしアナルだし、婚前交渉だけどOKだよね」ということだ。

店の人の反応を見ていると、そういう考えの一部の人がこの売春街で問題を起こしたのかもしれない。その結果、難民、ムスリム、アナルセックスを結びつけてしまうことで、偏見が生まれてしまったように思う。

性に関する考えは、かなりヒステリックに広まっていくように思うのだ。

私が出会った難民たちは、大半は気のいい若者だった。彼ら全体が危険な考えを持っているとされるのは、非常に残念である。

ともあれ宗教によるルールというのは、他宗教の者にとって、よくわからないから危機感をふくらませる要素になりがちである。同じ構造は宗教だけでなく、習慣の違いから生み出されることもある。

私が出会ったなかで、衝撃を受けた性にまつわるいくつかの危険な考え方を紹介してみようと思う。

バルカン半島のスラム街にいた悲しい夫婦

家族の最小単位は「夫婦」である。特定のパートナーがいる場合、それ以外の相手とのセックスは不貞とされる。離婚の理由としては十分だし、宗教的に禁じられていることも多い。そのようなことをいまさら説明するまでもないだろう。私もそう思っていたのだが、心の深い部分に揺さぶりをかけられる出会いがあった。

ブルガリアの首都・ソフィアを取材したときのことだ。

バルカン半島最大のスラム街といわれる団地を訪れた。ここに暮らしている人々はヨーロッパ全域に暮らすロマの人々である。彼らの置かれている境遇については同情するし、支援している団体もある。生活の糧《かて》を得るために、周辺国に出稼ぎに行く人が多い。

しかし、彼らが選択する職業が問題になっている。

スリ、物乞い、そして売春である。貧しい人たちのいる地域で売春婦として働く女性が存在することはよく聞くことで、ことさらに言うべきことではないように思われるだろう。だが、あえて紹介するのには理由がある。

私が出会った二人は、お世辞にも良い暮らしをしているようには見えなかった。この街でおこなわれている売春の実態を調査しているなかで、直接話を聞かせてほしいと頼んだら応じてくれた。

無作為にお願いして応じてくれただけの二人について、特に思うところもなかった。それでも女性に対して同情する気持ちはあった。インタビューにくっついてくる男が気になっていたからだ。

この手の商売をしているとヒモのようなやつが出てくることはあるし、このあたりの売春を仕切っているやつかもしれない。そういうやつに寄生されているのだとしたら、同情する気持ちも自然に湧いてきてしまう。そんなことを考えているのがわかると、相手に弱みを見せることになるので、表情に出すことはなかった。

あれこれと思いを巡らせても意味がないので、どうして一緒にいるのか、直接彼に聞いてみることにした。

「あなたはこの女性とどういう関係なのですか？」

「家族です」

「家族というと？」

「夫です」

表情にこそ出さなかったが「絶句」だった。同時に二人が一緒にいる理由がわかった。

だが、それよりも先が理解できなかった。夫が公認で売春をすることだけでなく、スラムのなかで売春をするということは、客のなかに知っているやつがいるかもしれないのだ。

そこを突くと表情を変えるでもなく夫が言った。

「子どもたちのためだ」

瞬時に「そういう問題なのか？」と思ったが、それこそ家庭のことに口を挟むことはできない。私は通りすがりの外国人ジャーナリストである。ジャーナリストの仕事として、状況を理解するために質問をぶつけることはあっても、二人の関係性を断ち切るような踏み込み方をするのはご法度である。私はあくまで傍観者なのだ。

彼らなりに折り合いがついているというのであれば、わかりきった問題を部外者の私が蒸し返す意味なんてない。わかっている。わかっているが、それでも言わずにはいられなかった。

「客が近所の人だったら？　顔見知りだったら耐えられるんですか？」

「仕方ない。子どもたちのためだ。あの子たちが飢えていることのほうが耐えられないんだ。それに妻が安心して仕事できるように私は見守っているんだ」

のちの取材でわかったのだが、この街の売春のシステムとして、女にはパートナーがついているそうだ。

内心、「お前が働けよ」という言葉を反芻《はんすう》していた。でも、出せなかった。それは私が決して言ってはならないことだからだ。妻のほうもそう思っていたのか、それとも夫と同じ気持ちなのかはわからない。

なぜか。どんなに質問を重ねたとしても、彼女の言葉で答えが語られることはないと思ったからだ。

光を失った眼球の奥には、彼女の生のエナジーがまったく感じられない。死んだ目というのがこういうものかと痛感させられた。

夫は子どもたちを救うためだと言った。そのために妻が壊れてしまった。それでも家族なのだ。私が思っていた単位の家族のなかには、夫以外とのセックスは、決してあってはならないこと。それが家族愛によって崩されてしまった。

愛とは、向ける対象以外には、ときに残酷なのだ。

牛用ステロイドと売春婦

後味の悪い話だったが、もう少しこのトーンにお付き合いいただきたい。世界中を旅して取材していると売春にまつわる悲惨な話を耳にすることは多い。以前、世界一危険な仕事といわれる、バングラデシュにある「船の墓場」と呼ばれる船の解体所を訪れた。その際に訪問することがかなわなかった場所がある。それが売春宿だった。

バングラデシュの男が一般的に好むとされる性癖がある。それは豊満な女性である。だが、売春宿で働いている女たちは、病気や貧しさなど様々な事情から痩せていることも珍しくない。そんな非人道的な状況が許されるはずがないと思うのだが、現実はもっとむごたらしい。

バングラデシュでは、売春そのものを政府が公認しているために、全体的に取り締まりがゆるいとされているのだ。なかには、児童買春を生業とするために、人身売買に手を出す業者もいるほどだ。

リクルートスタイルが非人道的だとしても、働くことになった以上は逃れられないため、女性たちは客をとるしかない。それも男たちの気を惹くために驚くべき手段をとるのだ。オラデクソンという薬品を知っているだろうか？　ほとんどの方は聞いたこともないだろう。それもそのはずで、ステロイドなのである。それも牛用のものなので、獣医か酪農家でないと耳にすることもないだろう。

彼女たちは、そんな牛用ステロイド剤を摂取し、太って豊満な体にするのだ。この話を聞いたときに、この世の地獄のひとつかもしれないと思った。

男の性癖のために肉体を改造して、薬の副作用や性病によって人生を奪われていく。それも若いというか、ほとんど子どものような女の子たちがである。

彼女たちは、様々な理由があって売春宿で働いている。貧困、離婚、人身売買……。どんな理由であれ、そこにしか居場所がない人たちがいるという現実を知ったのは、20歳のときだった。

バングラデシュの隣国、インドを旅しているときだった。仲良くなった地元の若者たちと昼間から酒を飲んでいたら、「女に興味はないか？」と問われたのだ。

インドの売春街といえば、コルカタのソナガチなど、いくつか有名なところもあるが、当時滞在していたのは田舎で大して大きな街でもなかった。世界遺産でもある性をモチーフにした雄大なレリーフで有名なカジュラホに近いだけの街だった。大都市に風俗街があるのは年若い自分でも予想ができたが、こんな辺鄙《へんぴ》な場所にもあるのかと驚いた。

飲酒運転という概念すらないであろう若者の運転するバイクに乗って、村からかなり離れた場所まで連れてこられた。そこには土壁の家と呼べないようなボロ屋があった。

「ここだ」と言われて近寄ると、玄関っぽい場所の横にあるかまどにうずくまるようにして火を起こしている人がいた。年齢はわからない。性別はサリーっぽい衣装から女だとわかる。真っ黒に日焼けしていて、生活の苦労が顔のシワに刻まれている。

もしかしたら若いのかもしれないが、やっぱり老婆なのかもしれない。でもたしかめる勇気はない。

「女ってどこ？」

この建物の中に若い子でもいたらいいなと期待して聞いた。

「そこにいるだろ」

無慈悲な返事に心が折れた。ここに来たのは性欲じゃなくて好奇心からだった。その欲求はすでに満たされていた。彼女は売春を生業とするカーストに所属していると説明された。つまり、抱かれることが彼女のこの村での存在意義、生きる理由となっている。この場所で訪れる男たちの性を受け続ける生活がどれほど辛いのか。そのことを考えてみたが、想像が追いつくものではなかった。

このときには、ただ後味の悪さだけを噛み締めて立ち去ることしかできなかった。そして、何もする必要がなかった。それでも忘れられない記憶として私の心に刻まれていたのだ。

美しいことは金を生む才能

のちに東南アジアの風俗産業で働く女性からこう言われた、

「ここでの生活以外を知らない」

そのときに先述したインドでのことを思い出した。

カーストのように歴史とともに売春が存在するということは、それだけ性にまつわるシステムがはるか昔から存在していたということなのだ。その意味を考えるとものすごく重くのしかかってくる。

私の記憶を呼び覚ましてくれたのは、インドネシアの風俗店で働いていた女の子だった。友達と一緒に訪れたお店で知り合った彼女は、スラムの出身のようだった。多くは語らなかったが、生活のために働いているのはすぐに察した。

お酒を飲みながら、少し世間話という感じで聞いてみると10代の前半から風俗店で働いていたという。そのことを話す彼女の顔がとても美しい。

「この国では、貧しい家に生まれた女の子が美しいというのは、貧困から抜け出せる才能なんです」

同席していた友達が言った。それはほかの国で出会った女の子たちにも共通していることだと思った。美人という才能は、神様のギフトである。生まれ持った才能をどう活かすのか。貧困層ならば必要なお金を稼ぐために水商売や風俗にいくことだ。日銭どころか、人気になれば金持ちの愛人になれるかもしれない。

そんな金を生む才能を眠らせてしまうのはもったいないと、本人だけでなく家族も考えるのだ。だから、美しい女の子は子どもの頃から大事にされて、少し大きな子ども、10代の半ばになろうかという頃から夜の世界に働きに出るのだ。

東アジア最大の売春街の成れの果て

男の性欲や性癖というのが悪であるようにとる人もいるかもしれない。たしかにここまで紹介したように、純然たる悪のようにも思える部分もあるが、需要と供給が釣り合っているということも珍しくない。むしろ、世界中の売春産業は、人身売買など強要されていなければ、そういったバランスで成り立っているのがほとんどだ。

それでも、「正しい」わけではないため、現在では多くの国で風俗産業の取り締まりが起きている。その代表的な場所である、インドネシアのスラバヤを取材したことがある。

2013年当時、東アジアで最大規模の売春街と呼ばれるドリーがあったからだ。その店舗の数は2000軒ともいわれていたが、私が訪れたときには完全なるゴーストタウンとなっていた。その理由は行政の取り締まりである。

就任した市長の公約が売春街の閉鎖で、その公約がきちんと守られたのだ。政治家と市民の間にある約束事としては、至極当然の流れである。多くの市民は歓迎したことだろう。

インドネシアのスラバヤの一角

こうして誕生したのが空き家が立ち並ぶゴーストタウンであることは、先ほど指摘した通りだ。そう思って街を歩いてみると別の建物も目に入る。

服屋、女性用のヘアサロン、ネイルサロン、飲み屋など……夜の街に付随していた産業である。色街にはこうしたぶら下がり産業があることは無視できない。そういった産業に従事する人たちにも選挙権はあるし、政治家も無視したわけではないだろう。ただ、取り締まりに賛成するほうが多かったということなのだ。実際、市長が当選したのは何よりの証拠というべきか。

市民の正直な声は、色街で生きる人々を確実に追い詰めていた。

私が取材したときには、元娼婦たちを受け入れる洋裁の技術学校のようなものがつくられていた。仮に職を失った人々が新たな技術を身につけたとして、数百人の裁縫職人を一気に受け入れることなどできるのだろうかと思った。

まとまった規模の売春街の閉鎖というのは、全世界的な流れで起きている。それらがこれからの流れだとしたら、セックス産業に従事してきた人や、ぶら下がり産業で食ってきた人たちも含めて受け皿をつくらないと、大きな混乱を生み、貧富の差の拡大を後押しすることにもなりかねない。

それは各国政府だってわかっているだろうが、いまいち真剣に取り組んでいるようには見えない。そこにはどうしてもセックス産業に従事してきた人たちへの少なからぬ差別意識のようなものを感じてしまう。こうした感覚を覚えるたびに、偏見に至るような考え方こそが危険だと思ってしまうのだ。

性におおらかな国、ブラジル

こうして見てきた現実のおぞましさや、昨今の性に関する問題にシビアな情勢を踏まえると、世界は性に対して厳しすぎて、もはやエッチなことは罪で、やってはいけないことかとも思わせるところがある。

セクハラ的なことはもってのほかだが、それは性をとりまくひとつの側面に過ぎず、すべてにおいてそんなことはない。正しいスタンスで向き合えば、おおらかに性と向き合えるのだと勇気づけてくれた国もある。それがブラジルだ。

世界三大風俗には諸説あるが、私がバックパッカーとして旅をしていた20代の頃は、タイのゴーゴーバー、ドイツのＦＫＫ、そしてブラジルのボアッチが有力とされていた。

この世界の性風俗のトップランカーであるブラジルでは、いかなる性観念を備えているのか。気にはなるが、「教えてくれ」と言って簡単に知りえるようなものでもない。

ともかく、ブラジル人男性のセックス観を垣間見たのは偶然だった。

数年前、私は過去30年で最悪の治安とされたリオ・デ・ジャネイロの現在を取材することを計画した。リスクは承知のうえだが、どこかのバックアップを受けることもなくフリーのジャーナリストとして生き残ってきた嗅覚をもってしても、今回ばかりは徒手空拳で挑むのは危険だとアラームが鳴りっぱなしだった。

そこで、ブラジル在住の友人を介して現地警察とコンタクトをとり、協力を取りつけることに成功した。警察側の提示した条件は、彼らの護衛なしに動かないこと。そんなわけで四六時中、警察と一緒に過ごすことになったのだ。

パトロールをする警察官たちと同行すると、当然のことながら昼飯も一緒になる。適当に

リオ・デ・ジャネイロの風俗街

飯を頼んで、出てくるのを待っている間、通訳を介してあれこれコミュニケーションをとる。配置は私の対面に警察が座っていた。

不意に目の前に座っていた警察官の顔が左から右へと動いたのだ。それも向かい側にいた5人ぐらいが一斉にである。さすがに何かあったのかと思って振り返って背後を見る。そこを歩いていたのは、ビキニ姿の若い子だった。

(街なかでビキニ?)

文化の違いというか、警官たちが女の子のファッションに疑問を持っている様子はない。

(もしかしてスケベ心で追いかけた?)

仮にも警官がそんなことをするはずがないと思ったのだが、連中の目つきが完全にスケベなことを考えている感じ。いわゆる「エロ目」になっていたので確信できた。しかも、こいつらはそこから無駄に話が盛り上がり出した。それまでずっと話していた私のことをそっちのけにして。

余談になるが、どんな国のどんな言語で話していても、不思議と下ネタを話しているときはわかる。今回もその雰囲気がビンビンに伝わってくる。思わず通訳に向かって言った。

「こいつら、下ネタ話しているだろ」

「あ、ええ、まあ。なんでわかりましたか？」

「これまでの経験でね」

一応どんな話をしているのか通訳に確認すると、

「聞かないほうがいいですよ。みんなあの子とやりたいとかそんなことしか言ってません」

という。

まあいいやと流そうとしたとき、通訳の男の子が興味深そうに言った。

「みんな結婚してたり、もうすぐ結婚しようとしているやつだっているんですよ」

未婚男子の通訳君は、通訳しながらも不倫をするなんて信じられないといった面持ち。この通訳をしてくれた男は、埼玉生まれの埼玉育ち。ＤＮＡと顔立ちこそブラジル人そのものなのだが、中身は完全に日本人のマインドなのだ。おまけにブラジルに移住したのは取材の

2ヶ月前。そのため、どうしてもブラジル人的な感覚に違和感があるようなのだ。

せっかくなので、この状況を踏まえて、不倫や浮気についてブラジル人はどう思っているのか説明を求めることにした。

「ああいう若い子ってどう?」

「最高だね」「たまんないよ」「思いっきりやりたいね」

私の質問に対して、実際に何ができたわけでもないのに、嬉しそうに話してくれる警官たち。正直、気持ちはわかる。男同士の下ネタって楽しいのだ。これは理屈ではない。私も体育会系の育ちなので、こういったノリは大好物である。ただ、今回はブラジル人が不道徳とされる不倫や浮気をどう思っているかに迫りたいので、あえて無粋な質問を重ねてみた。

「君らは奥さんや婚約者がいるんでしょ? 女の子にちょっかい出したら怒られたりしないの?」

「「「怒られる」」」

全員の声が揃った。どうやらダメなことだという自覚はあるようだ。実はブラジルにおける夫婦関係は、客観的に見ても女性が優遇されているといえる。

ブラジルでは財産分与の割合などが離婚ケースごとに設定されており、養育費の支払いを拒否したら最悪の場合、逮捕されてしまうこともあるというのだ。

男性側からしたら、なかなかに厳しい条件である。もちろん女性、特に奥さんの側からしたら当然の権利であることはわかるのだが、男としては同情の余地もなくはない。


それはさておき、ここで女性についても触れておきたい。ブラジルの女性たちは、私が接した範囲だけでなく、一般的に男性と大差ない程度に自分たちでセックスを「選択」できる。具体的なエピソードで説明すると、私の後輩が歩いていると、若いブラジル人女性に声をかけられた。

「あなた日本人？」

「そうだけど」

「私、日本人とはまだしたことないの」

そう言っていきなりキスされたそうだ。なんてけしからん！　となる人もいるかもしれないが、女性の側から男性を選ぶというのは、ブラジルではごく当たり前なことなのだ。

リスクを顧みず、自分の性欲に従って生きる。それが男性だけでなく女性も同じスタンスなのだから、これは実に健全な状態にあるのではないかと思う。

先ほどの警察たちに「なんで女遊びをするのか?」と問いかけると、「だって男だろ?」とのことだった。それ以上の理由はいらないそうだ。

これはラテン系の人々が多い中南米全体でいえることなのだろうとは思う。

ある意味、健全にスケベであることは、性にまつわる危険な考えからからもっとも遠いのかもしれない。それは、昨今の日本の突き詰めすぎたフェチ、痴漢、性犯罪といったものと比べても成り立つ説だと思うのだ。

第6章　世界は麻薬でまわっている

破滅を恐れぬドラッグユーザー

裏社会を取材していて一番「やべえ相手」は誰か？　と問われたら答えは決まっている。「ジャンキー（薬物依存者）」、これである。

麻薬に溺れているものほど危ないやつはいない。ここまで様々な悪いやつらの頭の中身を解説してきたが、ジャンキーほど論理的な整合性が欠けている、つまりは何を考えているのかが読めない相手はいない。

「シャブ中（覚せい剤依存者）だけは相手をしたらダメだ。あいつらは終わってる。殺すことも奪うことも躊躇《ちゅうちょ》ない」

日本のヤクザから言われたこの言葉が、忘れられずに私の記憶に沈殿している。おかげで今でも薬物に触れる（取材する）のは慎重になってしまうのだ。

さて、そんなジャンキーたちが何を考えているのか、それを知るためには直接話を聞くのが難しい。薬物への依存度が強いほど会話が成立しないからだ。だからといって、「本音のところはわかりません」では話が終わってしまうので、周辺の情報や比較的ライトな依存症の人々への取材を中心にまとめていこうと思う。

これは私の取材についてのことではあるのだが、私が興味を持っているのはドラッグ単体やユーザーではない。ドラッグビジネスである。市場や商品としてドラッグを捉えているのだ。だから、正直、薬物依存者などは、話題の中心というよりもエンドユーザーぐらいの捉え方でいる。

また、あらかじめ言っておくが、決して薬物を推奨しているのではなく、危険性やリスクを知ってもらうことを目的としているので、誤解しないでもらいたい。


まずドラッグユーザーの世界観をざっくりとお伝えすると、世界の大量消費地は二つ。アメリカと中国である。この2ヶ国に周辺国が麻薬を密輸して販売している。

アメリカは大麻（マリファナ）が合法化の流れになっていて、営利目的の麻薬ビジネス以外の刑罰は軽減する方向に舵を切り始めている。これに対して中国は、麻薬を持っているだけで厳罰に処することがあるなど、かなり厳しい国なのである。実際、最高刑は死刑である。

念のために解説しておくが、「営利目的」というのは商売にしているということで、単に使うために持っていたとか、個人的な使用に比べて重い罪とされている。ビジネスとしての裏稼業に関わる人たちの考え方についてはすでに紹介しているので、ここでは主に麻薬ユーザーの危険な頭の中を覗いてみたいと思う。

ドラッグ愛好家の「線引き」

「死ぬぐらいきついやつが欲しい」

意味がわからなかった。この発言の主はアメリカにいる知り合いのジャンキーである。

彼が求めているのは自分を死に誘うような効果のあるドラッグである。死に至る病はあっても、死に至るドラッグを求めるなど、すでに正気の沙汰ではない。いったい何がどうなってそこまで求めるようになったのか。順を追って説明していきたい。

まず、ドラッグの種類からだが、ジャンキーまではいかないにしても、ドラッグを嗜む人の間にも「線引き」が存在している。

ドラッグにすら含まれていないのがマリファナで、漢方薬と同じようなものと言う人も多いし、見方によっては農作物でしかないので価格帯は安い。

ＭＤＭＡ（エクスタシー）やコカイン、ＬＳＤなどはパーティドラッグとしてノリやテンションを上げるために使われることが多いが、高額で常用するには資金力が必要になるので、重度の薬物依存症患者になる人はそれほど多い印象はない。ほかのハードドラッグに比べて、という意味ではあるが。

いずれにせよ、マリファナ以外のドラッグあたりからハードドラッグと呼ばれる。それでも、「やべえやつ」とまでは言われない。ギリギリ線引きのこっち側にある印象だからだ。

では線引きの向こう側にあるドラッグは何か。

クラックのような粗悪なドラッグを別にすれば、ヘロインとメス（覚せい剤）であろう。価格はパーティドラッグよりも抑えめで、効果は抜群。ヘロインはダウナー（気分を落ち着かせる）でメスはパキッと目が覚める感じ……らしい。正直なところそのあたりのハードドラッグは経験したことがないので、想像が及ばない。

冒頭の発言者のような超ハードドラッグに関することは、すでにお伝えしたように周辺情報しかわからないが、向こう側に行ってしまった本人の頭の中は、とっくに壊れているので、まともな情報を引き出すことなどできない。これも冒頭で紹介したことだが、むしろ客観的に見ている周辺のほうが中毒者本人の様子については語れるのだ。少々強引なところはあるが、そういうものだとご理解いただければと思う。というか、それほどまでに超ハードなドラッグに手を出した人たちというのは、壊れてしまうものなのだ。

常用していくと効果を上書きすることができない。つまり、これまで効果のあったものより強いものを求めるようになってくる。もっと強いもの、もっと効果のあるやつ、それを繰り返していくと、ユーザーの求める快楽のレベルは死に直結するほどにもなってくる。ドラッグの効果の向こう側にある世界とともにあることができるなら、自分の命なんて安いものなのである。

こうした考えに至れる人はこれまでごく少数だった。薬物の世界に入って抜け出せないような人はもともとアウトローが多く、たまにエリートや一般家庭の人が手を出して衝撃のニュースとして語られていた。その状況を一変させた出来事がある。

オピオイド中毒問題である。アメリカでは大企業・医療業界と国の罪として語られる社会問題である。

痛み止め薬が中毒者を生んだ

2000年ごろから、とある痛み止めが一般に販売されていた。CMなどでさかんに宣伝され、医者も積極的に処方した。それがオピオイドである。臨床試験を通ったということは、国が認可したということ。それを医者が処方するということは製薬会社が作ったということ。どこにも疑う余地のない完璧なものだと思われていた。

ところが、やはり世の中に完璧なものなどはない。それはひずみを覆い隠しているに過ぎないのだ。

オピオイドも例外ではなく、深刻な薬物依存を引き起こすことがわかった。それでも流通し続けた。しかも処方されるのは、ちょっとした怪我での痛み止め程度である。これまでにドラッグに無縁だった人たちは、疑うことなく自ら中毒者になっていったのだ。こうして全米に多くのオピオイド中毒者が誕生したのだ。

時を経て、ようやくオピオイドの処方は禁止された。中毒者たちはどうしたのか。入手できないオピオイドのかわりに、似た効果のあるヘロインに手を出した。安価で入手しやすいからだ。こうして全米にヘロイン中毒者が生まれたのである。

これは人為的に引き起こされた薬害なのである。

手を出したら戻れないヘロインにハマってしまった人たちはどんな状況にあるのかを調べるためにロサンゼルスにあるスキッド・ロウに行った。

ロスの郊外どころか中心部にほど近い一角がスキッド・ロウである。ここはこの世の終わりのような場所である。ヘロインの効果を知っている人ならわかるだろうが、ヨダレを垂らしてものすごくゆっくりと動く人々で溢れていた。まるでゾンビに支配された街のようだった。

初めてこの街を歩いたときは、「世紀末のデストピアか！」と盛大に突っ込みたくなったのだが、歩きまわってみると、ジャンキーに追いかけられたり、殺される心配は薄い気がしたので怖くはなかった。何せ、動きが緩慢すぎるのだ。とにかく、ただ異様な雰囲気に飲まれそうだった。

何人かに話を聞いても、ここまで説明したような流れの転落人生を歩んでいるのは同じだった。だが、彼らを責める気にはならない。彼らの末路を知識として知っていたからだ。

アメリカに住んでいる日系人のジャンキーがいた。彼がたどった転落劇は、スキッド・ロウにいるジャンキーたちの歩む道とまさに同じものだ。

その日系人の男は、ミュージシャンとしてニューヨークで活躍し、趣味のいい暮らしをしていた。それがある日、まとまった金が必要だからといって、自分の持ち物を友人・知人に売り出したのだ。彼の持っている音楽機材の価値を知っている人たちは金を出した。その金がドラッグに使われるとは思わずに。

数ヶ月後、行方不明になり、路上で物乞いをしている彼を発見し、更生施設に連れていこうとしたが、拒否された。もはやまともな考えを持つこともできなかったのだ。彼が陥ったのもオピオイドからのヘロインである。

どこにでもいる人がふいに落ちるドラッグ中毒。エピソード自体も悲惨ではあるが、知っている人にしてみたら、ありふれた転落劇でもある。それだけよくあることなのに、有効な対抗策が存在しない。ドラッグの中毒問題は精神論で回避できるようなものではない。

ましてや政府の取り締まりなどではどうにもならない。回復するためにはケアが必要なのだ。批判ではない。まずは命を守る。是非を論じる前に、そこから始めなければいけない。

ポートランドの実態

政府の決定が状況を激変させることもある。それが昨今世界中で起きているマリファナの合法化である。センセーショナルに報じられることもあって、耳にしたことがあるかもしれない。ただ、日本国内での反応に実情とのズレがある。多くの人が事実を誤認しているのだ。それ自体が危険な考えというわけではないが、誤認による理解の生み出す結果はろくなものではない。そこで、私なりに現在起きている大麻合法化というのがいかなるものかを解説してみようと思う。

まず、アメリカでの合法化の実態だが、マリファナの娯楽を含めた使用を解禁するかどうかを住民投票にかけているのだ。

ここでポイントになるのは「娯楽」と「解禁」である。合法化の話を持ち出すと、そこかしこで大麻をくわえタバコみたいにできるようになるというイメージが先行するようだ。世紀末の無法状態デストピアでもあるまいし、いきなりそんなことにはならない。

たとえば2016年11月のアメリカ大統領選挙と同時におこなわれた住民投票で賛成多数で可決したことで、2018年1月から解禁したカリフォルニア州の現状はどうかといえば、すでに路面店でマリファナが販売されている。もっと前から解禁されていた州のうちのひとつ、オレゴン州などはさらに興味深い状況にある。

私が取材した2016年の段階で、オレゴン州のポートランドでは娯楽用のマリファナが解禁されていた。路面店で堂々と販売されているだけではなく、幹線道路に広告看板が設置

ポートランドでマリファナを扱う若者

されていた。

これは、販売網が整備されていて、生産者から販売までの経路が確保されているということである。完全に市場として成立しており、しかもその市場が一定程度の成熟を迎えているのがわかる。ポイントは広告があること。ライバル店があれば、競争が生まれるので広告も必要になるということなのだ。

実際にポートランドを歩くと、青い十字の看板が目印になっている店があちこちにある。入り口では身分証を提示しなければならないが、外国人であっても未成年でなければ入ることはできる。店内は高級感と清潔感、そしてオシャレ感が漂っており、怪しげな雰囲気はない。むしろ小汚い格好をしているほうが浮く。

一見するだけでは取り扱っているものがマリファナだとはわからない店内に、ビシッとスーツを着たイケメン店員。

街なかには堂々とマリファナの広告が

「本日はどのようなものをお求めですか?」

きちんとした接客。ソムリエですか? と言いたくなる。

「当店はオレゴン産のマリファナを取り扱っております」

こちらのペースに合わせながら丁寧に効能を説明していく様子は、高級なワインを扱っているかのようだった。

店内にはタバコ状のジョイントだけでなく、ペンと呼ばれるリキッドをセットした電子タバコ型のマリファナや、クッキーやケーキ、ドリンクに加工されたものまで陳列されていた。すべてが合法で、店に入れた人は誰でも買うことができる。

これがマリファナが娯楽用として解禁されたポートランドの実態である。

ここまで自由にマリファナを扱うようになるまで、アメリカ国内でも様々な問題が起きていた。特に取り締まりのねじれは大きな障害であった。

オレゴン州以外にも早くから解禁されていた州や、医療用の許可証を持っている人には販売する店を構えていた州もあった。ところが、州によっては認可されていたのに、連邦政府によって取り締まられるという矛盾が起きていた。これが問題にならないはずもない。これまで批判的だった世論は「賛成」へと大きく傾いていくことになる。

日本の大麻合法化の可能性

住民投票で解禁されるということは、突如として店ができるのではなく、医療用や個人的な使用など、もともと市場として存在していたものを合法と認めるということなのだ。そこに娯楽性が加わるとどうなるか。料理やドリンクの材料にするような加工をしての販売が許されるわけだ。実際、ポートランドの書店ではマリファナ料理の本が販売されていて、思わず購入してしまった。日本に戻ったら使いみちがないのだが。

ちなみにホテルの部屋で吸引すると、入り口のドアの隙間に「室内で吸ったら罰金取るからな！」という紙が差し込まれる。私が泊まっていた宿では、ほかの宿泊客が吸っているらしく、廊下を伝ってフロア全体に匂いが充満していた。そのせいで、本来見ることのない注意の紙を受け取ることになってしまったのである。

さて、このようなアメリカの現状を受けて、日本における合法化はありえるのかを考えてみたい。

結論から言ってしまうと私は難しいと思う。マリファナの是非をどうこういうつもりではない。かつて、ジャマイカの大麻農家取材の際に農園主から、「大地が育んだ無農薬で太陽の光を浴びた農作物であるマリファナに火をつけて吸うだけだ。これのどこに体に悪いことがあるんだ?」と、問いかけられてすぐに返事ができなかった。彼の論理は間違っていないし、健康に年をとっている彼を前にして何を言っても無駄だと悟った。それ以来というわけでもないが、私は大麻そのものを「悪」とはしないようにしている。

この前提から私は日本における大麻の問題点というのは、現在、大麻を扱っている人、使用している人が「非合法」な存在であることにあると思っている。

時折、有名人が大麻の所持で逮捕されたというニュースを見かける。そのときに多くの人が思うことは、逮捕された人が裏社会と接点がある悪い人であるということではないだろうか。そのイメージは現在の日本では、間違ってはいない。

他国がどのように大麻を扱おうと、日本国内では違法品である。非合法であるものを取り扱える人の心持ちがいかに善良であっても犯罪者であり、日本の国内にいる限り、その行為は許されない。

大麻を入手できる人は、そんな犯罪者にアクセスできる人なのである。だから、今の日本では悪い人と見られてしまうし、「その通り、悪い人です」と言わざるをえない。

日本では合法化論議をする際に大麻自体の効能や副作用の少なさを取り上げがちだが、本来はこの違法とされるルートを回避して、法律の範囲内で、どのように生産して流通させることができるのかを検討する必要がある。

もし、本当に合法化させるとしたら、まずは大麻を違法に扱う人たちを排除して、医療用のみに使えるように徹底することが不可欠である。

流通ルートの確保と同時に、医療的に本当に必要な人がいるのだという考えを共有するような広告や教育をする啓蒙活動も足並みを揃えていかねばならない。そして、実現するためには、大麻は必要なのだと国が認める決定をしないといけない。

自分でまとめていても、これは無理だなと思う。どうやって実現するかではなく、現状ではそんなことを議論できる土壌すらないのだからだ。

そうなると日本における大麻の合法化など「あるわけない」という筆者の意見もわかって

いただけるのではないだろうか。

これはまったくの私見ではあるが、日本で大麻合法化論が根づかない理由は、そもそも合法化を唱える人たちの主張が、「草（マリファナ）を吸うとハッピーになれる」とか「ストレスの解消に効果がある」「ほかのハードドラッグにいくぐらいならマリファナでいい」などなど、重点が置かれているのが、使用の先にある快楽だと透けて見えるからだと思うのだ。

そして、彼らは身内的なグループで楽しむことまでしか考えていないので、政治的なアプローチとして合法化のためのロビー活動をすることもない。それどころか下手をすれば所持や販売をしていて逮捕されてしまうこともある。すでに何人もの有名人の顔が浮かんでいる人もいることだろう。逮捕されてしまうと、彼らが何を言おうとネガティブキャンペーンになるだけだ。

結局、合法化論者は大麻に投影する思想に快楽しかないのだ。その一方で合法化論を推進する運動の足並みには統一感がない。特に合法化となると、そこにはあまりに多くの思惑が絡みすぎる。この絡みまくった糸（意図）をほぐして整理するところからスタートしないと、誤解が誤解を生んで、きっとろくな結末を迎えないんだろうなと思う。そんな最低な状況に至るような考えは、間違いなく危険なものといえるだろう。
ジャマイカ人が教えてくれたラブ・アンド・ピースとは程遠い。

「処刑人」大統領

合法化とか、薬害とか、少々偏差値の高い問題ばかりを解説していると、理屈をこね回しているだけになっているようで肩がこる。そこで、もうひとつ麻薬を巡る危険なケースについて紹介したい。ここでは人間の持つ危険な考え方が随所に登場する。人間とはここまでの悪意を持っているものなのかと思わせるだろう。

ここで紹介したい人物がいる。

「処刑人」と呼ばれた男だ。まるで人気のなさそうな海外ドラマのタイトルのようだが、これはアメリカのタイム誌がつけた呼び名で、本名はロドリゴ・ドゥテルテ、フィリピンで絶大な支持を受ける大統領である。

もともとは検察官だったそうだが、その後、南部都市・ミンダナオの市長となった。そこで一気に注目を集めたのは麻薬組織への熾烈《しれつ》な取り締まりだった。一説には軍事作戦並みの対処で多くの売人たちを殺害したともいわれている。その人が大統領選挙に出馬したのだから、世論としては、「国全体でも同じことが起きるのでは?」という懸念と、「悪人は殺してほしい」という意見が混在するようになった。結果、大統領となったので、フィリピン人は国全体を浄化してほしいと願っている人が多数派だったことになる。

ドゥテルテ効果はすぐにあらわれた。これまでにない勢いで人が殺されていったのだ。逮捕者も急増した。

この報道を見た当初、ジャーナリストとしてこの手のニュースに触れる機会の多いはずの私でさえ、麻薬の売人が殺されていると思ってしまっていた。ところがあとから知りえた実情は、当初の報道とは少々……、いや、だいぶ異なっていた。

スラム街では次々に人が殺されていく。警察の発表では密売に絡んだ犯罪者となっていた。国内外のジャーナリストは「おかしい」と思った。殺害された人たちが、周辺証言から必ずしも麻薬ビジネスに関係していなかったからだ。

のちに判明するのは、殺害されたのがこれまで野放しにされていた犯罪者や、警察に不都合な証言をしそうな市民たちだったことだ。つまり、この殺人連鎖の黒幕は警察であった。自分たちの負い目を露見させないための殺しが横行したのだ。

犯罪者から賄賂をもらっていた警察がいたとして、そのことを知っていそうな連中を殺すのである。これが恐ろしくないはずはない。

別の角度から恐ろしいと思ったのは、フィリピンの国民が、それでも大統領の方針を支持し続けたことだ。ひとつの悪を絶つためなら、悪をぶつけてもいいという考え方になっているのだ。たしかに、結果的には多くの密売人の自首により刑務所が溢れかえることになったので、官憲の腐敗は払拭しきれなかったとしても、治安の改善や麻薬の流通量の減少という点からすると成功ではある。それでも、現代社会ではなかなか受け入れられないように思った。

刑務所に逃げ込む売人

さて、私は囚人で溢れかえっているという刑務所に興味を持ち取材したことがある。

マニラの隣、ケソン市にある刑務所は大幅に定員オーバー状態で、大げさではなく人でごったがえしていた。そして、それらすべてが囚人であるという現実がフィリピンのリアルなのだとあらためて思った。

この刑務所には一般の囚人とギャングの棲《す》み分けがされていた。それが実に興味深かった。というのもシャバでギャングを探しても簡単には見つからない。フィリピンは複数の島からなる国で、マニラで組織されているギャングは、島の出身者ごとにまとまる。そのため、異常に結束が強い。ゆるい国民性のフィリピンにあって、ギャングの絆はかなりガッチリしていて、誰かを紹介してくれるようなことなどないのだ。

ほかではできない取材ができると思うと、異常にテンションが高まってくる。私が聞きたかったのは、ギャングは麻薬戦争の加害者か、被害者なのか。それだった。

こうやって取材対象がまとまっている場所をまわると、案外簡単に答えにたどり着くことができた。数人に話を聞いただけでも「警察に殺されると思った」とか、「刑務所のほうが安全だから」、「外で殺されるぐらいなら、ここに来て何年か過ごしたほうがいいよ」という答えを得られた。自分たちの身を護《まも》るために収監されたということだ。

ギャングが警察から逃げる現実を知って、麻薬戦争が現実に起きていることなのだとあらためて思い知らされた。

この状況が一過性のものなのか、この先も継続するのかはわからない。

ただいえるのは、ギャングたちの検挙によって、市民生活に落ち着きが取り戻されたというわけではないことだ。犯罪者で溢れる刑務所や麻薬に絡んで逮捕、自首、殺されることなどにみんなが慣れてしまったのだけなのだ。

事件の程度に対する感覚や思考が麻痺することが、ここでいう「慣れ」である。

これはもっとも危ない考えのひとつだと思う。水を張った鍋に入れたカエルは自分が死ぬまで、危険な温度になっているほど火が焚かれていることに気がつかない。いわゆるゆでガエルは、誰にだって起こりうる。決して他人事ではないと見過ごさないでほしい。

まあ、そう声高に叫んだところで、当事者にならないと気がつかないことがほとんどである。それも取り返しのつかない局面に追い込まれてようやくだ。

そうならないとどうにもならないのが人間なのではあるが、それでも自分がゆでガエルになることだけはゴメンである。

第7章　なくならない非合法ビジネス

観光スポットで話しかけてくる人は怪しい

世界中の観光地には怪しいやつが多く集まる。そんな連中ほど「May I help you?」と声をかけてくる。英語だけでなく「アナタ、ニホンジン?」と、片言の日本語で声をかけてくるやつもいる。別に間違っていても構わないが、私の感覚では海外の観光地や道端で積極的に声をかけてくるやつは100%詐欺師だと思っている。

ギリシャの首都アテネ。世界史を選択してなくても知った地名だろう。世界的な観光地である。そのなかでもパルテノン神殿の周辺には、腐るほど……と言ってしまうと語弊があるが、それぐらい観光客がいるのだ。それを目撃しているということは、私もそこにいた一人である。地元の人もそこに観光客がいるのは百も承知である。となると、そこに集まってくる地元の人は偶然の出会いを楽しむ親切なギリシャ人ばかりだろうか。

そんなわけはない。そう考えてしまう人は何がしかの犯罪被害にあいやすいと思う。普通の住人だったら、観光客で溢れかえっている場所に行くなんて、用事があっても避けるだろう。わざわざそんな場所に来るということは目的があるのだ。それが善なる目的なのか、悪意のあるものなのかは、サイコロが振られるまでわからない。

悪いやつらの頭の中にあるものよりも、「旅先で話しかけてくるなかにいい人がいる」という考え方のほうが、ある意味では危険なのだと思う。

実際にアテネで経験したのだが、いきなり男に「こんにちは」と声をかけられ、オウム返しに「こんにちは」と言うと、突如として「あなたの英語は素晴らしいですね」と褒めてきた。

あいさつだけで何を言ってるのだとこちらがガッツリと疑問に思うのをよそに、「この先に話しやすいカフェがあるので行きましょう。私の友人のお店なんです」、そうまくしたてて、私を連れていこうとする。

「待って。なんで行かなければならないんですか？　私は観光ではなく、ここに仕事できています。ガイドは募集していませんし、お茶も不要です」

そう英語で一気に言ったら、ギョッとした顔になっていた。はっきりと拒絶されると思っていなかったのだろう。そのときには「あなたの英語は素晴らしいですね」とは言ってくれなかった。

ちなみに、このままお茶についていくと、良くてボッタクリのカフェ、もしかしたら、みやげ物屋に誘導、見ず知らずの「友達」が集まってきてカードゲームに誘われて大金を巻き上げられるなど、ろくな結果にならなかったかもしれない。もし違ったとしても、特に必要のない交流は時間の無駄である。

海外によく行くような人は、こうしたことは日常茶飯事だろう。慣れている人ほど引っかからないケースではある。私から見て危ういなと思う日本人の行動として、「断れない」がある。わりと多くの人が拒絶することに慣れていないのだ。

詐欺師や強引なキャッチなんかは、ナンパ塾の授業と同じように、数をこなしているだけなのだ。だから明確に断りさえすれば、それ以上は追いかけてこない。もし追いかけてくるなら、それこそ近隣のお店に飛び込んだり、通行人や警察に助けを求めるべきなのだ。

「そんなことしたら、相手に悪い気がする」

「そこまでしなくても」

もしかしたら、そんなことを思った人もいるのではないだろうか。それは甘い。むしろ、考え方がおかしい。

こういうときに私が説明に使うのは、「状況を日本に置き換える」こと。私が遭遇したケースだと、明治神宮とか東京駅で外国人に「こんにちは」といきなり声をかけて、相手が

「こんにちは」って返してきたら、相手の都合を聞かずに友達の店に誘っていることになる。勧誘を断られたからといって追いかけてきたりされたら、日本なら、それこそ警察に駆け込むだろう。

このように、日本で不自然なことは外国であっても不自然なのである。

犯罪者の頭の中を説明するはずが、断り慣れていない日本人マインドへのダメ出しになってしまったので、ここからは仕切り直して説明しよう。

なぜロマの犯罪が減らないか

本章では騙される側になりがちな人のための危機回避的な意味合いも含めているが、メインで取り扱いたいのは、犯罪を仕事としている人たちの頭の中身を探ろうというのがテーマである。

行き当たりばったりではなく、準備や訓練を経て、犯罪で食っている人たちのことを理解するのは一筋縄ではいかない。それでも、知っておかないと、これ以上ないほどあなたが追い詰められるかもしれないのだ。そのあたり、少し意識しながらお付き合いいただきたい。

まずは、詐欺やスリなどの個人的な犯罪活動をしている人たちの頭の中身だ。これは、「持っているやつからもらうことの罪悪感のなさ」に尽きるだろう。

ブルガリアやルーマニアでロマの人々と出会って取材をしていくなかでこの結論に達した。特にそう思う事件に遭遇したわけではないが、様々な要素が絡み合って、そのうえで彼らは変わらないし、変えることもないんだと思ったのだ。

ロマとは流浪の民で国を持たずヨーロッパを中心に各国に住んでいる民族だ。東ヨーロッパのなかでもルーマニアやブルガリアは特に彼らが多く住んでいる国である。その来歴については諸説あるが、古来より純血主義が浸透しており、ほかの民族と交わることが少なかった。そのため、現在に至るまで伝統的な暮らしを続けている人たちもいる。

このようにまとめると、いかにも「ロマン」のある人々のように思えるだろうが、現実的には社会の底辺に押し込まれることが多い。各国に住んでいる人たちの暮らしは貧しく、また交わらない民族ということも手伝って、差別されることも多い。外見としては彫りが深く、インドや中東の人々のようである。

彼らが受ける差別が結果的に大きな社会問題を引き起こしているので、そこについてお伝えしようと思う。

ブルガリアのロマの人々が多く暮らしている団地に行ったとき、建物の配置に違和感をおぼえた。これまで世界中の団地を見てきたが、どこでも団地の周囲には空き地があるものだ。子どもの頃から父親の仕事の都合で社宅の団地に暮らしてきた私にとっては、団地の配置というのは身にしみてわかっているものだった。

ブルガリアの首都ソフィアのスラム

ロマの暮らす団地は、ものすごく簡単にいってしまうとスペースがないのだ。団地と団地の間に建物、具体的にはわりと立派な家、豪邸と呼んでも差し支えないような建造物がスペースを埋め尽くしているのだ。

「ここにはどんな人たちが住んでるのか？」

その質問が出たのは当然だろう。何せ配置からしておかしいのだから。

「ここには出稼ぎで金を稼いできた人が家を建てている」

別におかしいことではない。日本だろうと、どこだろうと、出稼ぎでひと財産を築いて凱旋するのは成功者のモデルケースである。ただ、彼らはロマである。その前提からすると正直、まっとうな仕事で稼いできているとはとてもではないが思えなかった。

「どんな仕事をしてきたわけ?」

「スリや物乞いですね」

さすがに本人たちは答えてくれなかったが、案内してくれたブルガリア人の通訳がそっと教えてくれた。実は、この情報は別のところから得ていた。

ルーマニアやブルガリアから多くの人たちが出稼ぎでイタリア、ドイツ、フランスなど西欧諸国に行く。2019年現在、ブレグジットとしてイギリスのEU離脱が問題になっているが、原則的にEU域内では人の移動は制限されない。

ロマの人々も働く権利はある。権利とは行使する人たちによっていかようにも変質する。彼らが選びやすいのは手っ取り早く金になる仕事。それが大都市や観光都市でのスリ、物乞い、詐欺、強盗といった手段なのである。

「犯罪で稼いで恥ずかしくないのか?」というのは、豊かな国でまっとうに生きる人たちがこの状況で浮かんでくる典型的な疑問だろう。もちろん私も浮かんではきていた。

「こうして成功したことを誇るために大きな家を建てる。それはこの街に暮らす人々の憧れになるんだ」

取材に協力してくれたロマの一人がそんなことを言っていた。

自分たちは成功者であることを誇る。そのプロセスに違法性があろうとなかろうと関係ない。でかい家を建てたものが正義なのだ。そこに私たちの道徳心や正義が食い込む余地は欠片もない。

価値観は簡単に変えられない

以前、ルーマニアでロマの子どもたちを支援しようとした会社社長と話したときに、この考えを裏づけるようなことを言われた。

「ロマのなかには、ものすごく才能が豊かな子がいます。そうした子を学校に通わせて、まっとうな大人にしようと思ったんですが、結局うまくいきませんでした。私たちのいうまともな暮らしというのは、彼らの価値観のなかにないのです」

稼げれば犯罪だって構わないとする価値観と、犯罪で稼ぐことは良くないとする価値観の間に横たわる深い溝を埋めるのは簡単なことではない。どんなプロセスでも金を稼げればいい。善悪を抜きにすれば、どちらも努力は必要だし、研究することも必要である。ただし、前者にはリスクがあって、後者には学歴と教育が一定水準以上に必要なのである。

もちろん、リスクの先に危険が待ち受けていることは、誰もが知っているところである。ロマの人々とてわかっている。ただ、コミュニティが犯罪者であっても受け入れてくれるのだから、そういう価値観の環境で育ってしまったら、どうなるのか容易に想像できる。

そのことを理解してもらうためには、それこそ何世代にもわたる教育と徹底的な支援が必要になる。そこまでできる人が現実的にいるだろうか。そう思うと、この現状がいかに困難な問題なのかわかるだろう。

シリア難民を追いかけてギリシャからドイツまで陸路で旅をした経験を第5章で書いたが、各地で聞いた意見のなかには、「シリア難民よりもロマをなんとかしてほしい」というのも少なくなかった。

ロマだけがすべての諸悪の根源ではない。むしろ彼らには同情の余地が多分にある。それでも、彼らの何割かは社会問題や犯罪に関わっているのが現実なのだ。それも簡単には解決できるようなものではないというのが頭の痛いところである。結局、頭の中身ではなく頭痛の種の説明になってしまった。

運び屋のリクルート思考

ひとつの民族の闇を追いかけるだけが本書の目的ではない。むしろ広く世界の危険な考え方を追いかけてこそ見えてくるものがあるのだという本来の趣旨に沿って、前章でも扱った麻薬ビジネスに従事している人たちの頭の中を覗いてみようと思う。

特に覗いてみたいのは運び屋である。麻薬ビジネスのなかで、運び屋の扱いは特殊なところがある。

まず、運転さえできれば誰でもできる。誰でもできるのに簡単に辞めることができない。しかも逮捕リスクは異常に高い。逮捕されると麻薬カルテルの一員として扱われてしまう。麻薬カルテル側からすれば、裏切ったり捕まったりしても、簡単に替えがきく存在で、いつでも切り捨てることができるのだ。

まったくもっていいところなしである。

なんで、そんな仕事をやるやつがいるのか。

これは視点の置き所を間違えると一生理解できない。そうまでいうと大げさかもしれないが、実際に運び屋のリクルート思考は私が直接説明していても、カタギの人の理解に届かないパターンが多い。

ボリビアの刑務所の前で撮影

運び屋がどんなことを考えているのか。彼らの話を聞けたのは、南米ボリビアのサンタクルスにある刑務所でのことだった。

ボリビアといえば、ウユニ塩湖で、日本人の間では異常な認知度を誇っている国だ。国としてはそれほど豊かではない。海に接していないうえに高地にあるのだから、それも仕方ないのかもしれない。もちろん地場産業はあるし、経済活動だってそれなりに成り立っているが、それはあくまで表の話。裏の顔でいえば、コカインの名産地である。それも近年のアメリカや国際社会の圧力により生産量トップ3に入っていたコロンビアやペルーが減産に転じているのに対して、ボリビアだけは「増産」である。

これはコカインの原材料になるコカの葉が、伝統的な嗜好品であって違法という意識が希薄であることに加えて、モラレス大統領が合法の農作物として認めていることが後押しになっているのだ。

さて、ここで問題が起きる。あくまで大統領が合法としているのは、精製前のコカの葉を嗜好品として扱う場合に限っている。コカの葉を精製しないと、コカインはできない。そうなると、ここから先は犯罪組織の出番になる。

麻薬ビジネスになっていくのだ。麻薬カルテルが絡んでくると、警察権力も届かないような場所でコカインが次々と生み出されていく。

作った商品は売らねばならない。

そこで発生するのが輸送である。ここでいよいよ運び屋の出番である。

麻薬ビジネスは、組織の連合体である「麻薬カルテル」同士の取引から大きく動き出す。生産された麻薬を、販売してくれる組織に売るのだ。

「カルテル」は国や地域をまたがって存在している。カルテル内であっても、物理的に麻薬を運ぶ必要はある。そのあたりは農産物の加工品の製造工場から卸倉庫に運ぶような業務だと思ってもらえればいいだろう。

その発送を受け持つのが運び屋である。さらに様々なリスクを請け負うのは、発送元が基本。運送業の料金形態としては、「元払い」みたいなものである。ドライバーにも発送元がお金を払う。当然ながら、ドライバーは発送元の地元の人間が採用されることがほとんどである。

ドライバーの条件は厳しくない。運転さえできればいい。ただし、一度関わったら簡単には抜けられない。それこそ逮捕されて服役でもしないといけない。ボリビアの法律では運び屋は約8年の懲役と決まっているそうだ。人生のうち約8年を犠牲にする覚悟とはどのようなものか。至極簡単である。

金だ。それも一回30万円程度。

これを多いと思うか、少ないと思うかは、読者の方の経済観念によるところが大きい。ただ、ボリビアの平均月収は3万円程度である。そこからしたら、一度の仕事で稼げる金額としては大きいのは間違いないのだ。

運び屋になる男たちは総じて、家族のためにお金を残そうとしている。自分だけが逮捕されないなんて思っていない。だから、できることなら逮捕されるまでに多くの金を得たいのだ。

このシンプルな動機以外にリスクの大きな仕事を受ける理由となるものは、ほとんどないだろうと思う。

リスクのあることをやる人たちというのは、きわめてシンプルな動機で動くことが多いのだ。逃げるための理由なんていくらでも考えることができるが、考えない。人を突き動かすものに多くの言葉は必要ないのである。

麻薬ビジネスに関わる者の頭の中にあるのは金だけ。そして、どんなにリスクがあっても関係なく金を欲する人たちがいる。逮捕されたり、殺されたりするリスクを承知で金が欲しいという気持ちを理解するのは、なかなか難しいところがあるが、家族のためと思えば、少しだけでも理解に近づけるかもしれない。

いずれにせよ、こうした運び屋と、使い捨てても構わないと思う麻薬カルテル側との利害の一致は、今日の麻薬ビジネスがアウトソーシングに依存している理由として十分だ。

マフィアと麻薬カルテルは取材困難

運び屋について紹介したが、彼らはあくまで使われる側である。善悪抜きで見たとき、麻薬ビジネスの花形と呼べるのは麻薬カルテルである。そこで、使う側である麻薬カルテルの危険な考え方についてもここでまとめておきたい。

まず、この手の話で登場してくるキーワードである、麻薬カルテルとマフィアとギャングの使い分けについてだ。

先述したが、麻薬カルテルは、麻薬ビジネスに関わる組織の連合体のことである。カリスマ的なトップのボスがいることもあるが、最高幹部が数人いたりする。代表的な組織としては、シナロア・カルテルの最高幹部ホアキン・グスマン、通称エルチャポなどがこれにあたる。業務としては麻薬の生産から流通、小売までを管理・監督する。実働部隊を持つ組織も多い。

一方、マフィアは、イタリア発祥の犯罪組織で、厳密にはイタリア系のメンバーで構成された場合のみ名乗るのを許される。現在でもヨーロッパとアメリカを中心に有力な組織として存在している。売春、ドラッグの販売、殺人など、あらゆる犯罪を請け負うが、それは自分たちの利益や秘密を守るための手段であり、表立って活動することは少ない。

マフィアはこうした面から秘密結社的な要素があるともいわれている。日本のヤクザとも似ているところはあるが、決定的に違うのがこの秘匿性だろう。麻薬カルテルも秘匿性が高いので、「マフィア的」と呼ばれることもある。

対を成す存在としてギャングが出てくるが、マフィアとも麻薬カルテルとも違う。組織としては、不良グループと呼ばれるカテゴリに含まれる。仕事が犯罪でも、組織的に犯罪をするというよりも個人活動を助け合う互助会。構成員は隣近所の幼馴染が多かったりする（ただし、アメリカでもっとも恐れられているギャング、ＭＳ-13のように国際犯罪組織化しているような巨大なものもあるので、１００％この限りではない）。本人たちには選択肢があるようで、ない。ある意味、体育会系な感じである。ギャングは縦社会なのである。

彼らは徒党を組み、自分たちに力があることを誇示する。そうやって強者であることをアピールし続けることが仕事でもある。日本のヤクザと同じように、ナメられたら終わり。そういう意識はある。

さて、本題に戻ろう。麻薬カルテルに所属している人たちの頭の中身を探ろうとしても、これは相当に難易度が高い。先ほど述べたように、マフィアは秘密結社的に地下に潜っている。麻薬カルテルとて同じこと。

そういったわけで、麻薬カルテルもマフィアも簡単に接触することができない相手なのである。ルーマニアで麻薬の売上金を回収にきたマフィアを見たことがあるのだが、話を聞くどころか尻尾を巻いて逃げ出すしかなかった。彼らは自分たちの存在を隠したがる。そのため取材どころか接触することすらままならないのだ。仮に顔を撮影でもしようものなら、それだけで彼らにとっては相手を殺害する動機になる。

だが反対に、向こうから接触してきたこともあった。

メキシコ取材での最大の危機

メキシコ麻薬戦争（2006年頃に勃発し、麻薬カルテル同士の抗争と警察が入り乱れたカオスな状態）の取材で南部のミチョアカン州を訪れた際のことだ。取材した2016年当時はまさに戦争の中心地と呼べるような場所だった。

ここに潜入したのは、麻薬戦争がいかなるものなのかを肌で感じるためだった。今でこそ、

麻薬戦争の最中であるメキシコでは、襲撃されて炎上しているトレーラーを目撃した

映画や本といったものである程度はわかるようになっていたが、私が興味を抱いた2012年頃は、日本には「戦争地以外でもっとも人が殺されている」とか、ただ危ないとされるような情報だけが入ってきているだけだった。

この場所に入った直接のきっかけは、『カルテル・ランド』という映画を見たことだった。日本公開よりもだいぶ前に見ることができたのは、映画の配給会社からコメントの依頼があったからだ。パンフレットとかに書いてあるアレである。

作品の概要は、麻薬カルテルと警察の抗争に嫌気が差した市民が自警団を結成するというものだった。ここから先はネタバレになるのだが、自警団には（自称）麻薬カルテルを辞めた人たちも参加していた。そして彼らは、自警団によって追い払われたカルテルの代わりに、麻薬ビジネスを手がけていくという衝撃的な内容だった。

取材相手として自警団を選んだのは自然な流れだった。ただ、映画同様に誰が自警団の仮面を被った麻薬カルテルなのかはわからない。そんなピリピリとする空気を楽しみつつ、心のどこかには余裕があった。

同行者が、現地を拠点に活動する百戦錬磨のジャーナリストのホセとダニエルの二人だったからだ。彼らはこちらに何かを強制することはなかった。的確な助言やサポートをしてくれた。

人間関係は順調だったが、取材は停滞していた。どこをどう突いても麻薬カルテルの本丸に届かない。元カルテルの人間にすらアクセスできないのだ。空振りを重ねた結果、いろんな人たちにアプローチを続けていくなかで、私の行動は大胆になっていった。

「麻薬カルテルの人間に会いたいんですよ」

決して口にしてはならない言葉も出るようになっていた。メキシコでは麻薬カルテルのことに触れるのはタブーである。２０１７年にはカルテルのボスを侮辱したメキシコ在住17歳のYouTuberが殺害された事件があったことからも、いかにアンタッチャブルな存在であるかわかるだろう。

焦りはそんな基本中の基本すら忘れさせた。同時に私はメキシコ麻薬戦争の本質に迫りたくなっていたのだ。そのために安全をチップに勝負に出るぐらい安いものだと、そのときは本当に思っていた。

異変があったのは、早朝だった。

ホテルが禁煙だったので、1階に降りて敷地の外にある灰皿のところまできた。不健康だが、取材中にはタバコの本数が増えてしまう。

（今日はどうやって動こうか）

これは緊張の緩和というよりも、考えをまとめるときの癖となっている。スケジュールと残りの取材日数を、パズルのように脳内で組み上げていると後ろから声がした。

「よお、ミスター。昨日、あの店で食ったタコスはうまかったかい？」

「！」

英語だった。メキシコの公用語はスペイン語である。つまり、私が外国人であることがわかっているということ。自分の体は固まっても、思考はまわる。思い切って後ろを振り返ると、すでに誰もいなかった。視界の端っこに声の主らしき男の背中を捉えていたが、追いかけることはしなかった。

この瞬間は恐怖というよりも驚きのほうが大きかった。昨日の夜飯に食べたタコス屋に偶然いたのかもしれない、無理やりそう思うことにした。取材の進捗のほうが、この時点では優先だったからだ。

その日もダニエルやホセと一緒だったのだが、彼らが興味深いことを言ったのを覚えている。

「ゴンザレス、お前の行動はカルテルの連中に筒抜けだ」

「あんだけ派手に取材していたら伝わるよね。少し控えようか?」

「もう遅い。だが、お前が麻薬カルテルに会いたいなら、好都合かもしれない」

「どういうこと?」

「彼らのほうからお前にアプローチしてくるかもしれない。それがゴンザレスの望む形なのかはわからないが」

「怖いこと言うなよ」

そのときは、本気にしていなかったが、状況が動いたのは深夜のことだった。

ホテルの部屋で翌日のプランを想定しながらぼんやりとしていると、ドアの外に人の気配がする。部屋の造りから廊下側に小さな窓があったのだが、そこに明らかに人の影がチラチラと見える。

（一人じゃない）

人違い、部屋違いであってほしい。そう思いながら息を殺していると、ドアがノックされた。

「ドン、ドン」

ゆっくりと響く音を聞きながら、私は思いのほか冷静だった。想像以上のピンチに出くわすと、人間というのは冷静になる。

ただ静かに連中が立ち去るのを待ったのだった。

こうして深夜の訪問者をやり過ごすことができた。


麻薬カルテルの行動を回りくどいととる人もいるだろうが、これは彼らなりの流儀なのである。カルテルにとって暴力は手段のひとつであって、必ず行使しなければならないものではない。少しずつサインを出していって、ターゲットが警告されていることに気がついて引いてくれれば良しとすることだってあるのだ。

ただ、サインを無視して突っ切ってしまった場合には容赦のない制裁、それは簡単に死ぬことのできない拷問すらも加えて実行されることだってあるのだ。

これが彼らの基本的な考え方である。

恐ろしいというよりも合理的で効率的、ともすれば理性的に思えるかもしれない。だが、実際に食らった身からすると、無事に乗り越えたあとからじわじわと恐怖が蘇《よみがえ》ってくる。

もし、あのとき扉を開けていたとしたらどんなことが待っていたのか。

想像もしたくないが、現地で取材した相手のなかには実際に拷問を食らわされ、「指を一本ずつ石ですり潰された」と教えてくれた被害者もいた。

この夜の出来事は翌日すぐにダニエルとホセに伝えたのだが、揃って「(扉を開けなくて)正解」と言った。それから皮肉なのか本音なのか、「でも、扉を開けていたらお目当ての(取材対象である)カルテルにアクセスできたかもね」と言った。

東欧の武器商人に潜入取材

麻薬ビジネスの本隊であるカルテルや周辺産業の運び屋など、裏ビジネスについてどうにも麻薬に偏った解説をしてきたが、これは意図的でもある。

というのも裏ビジネスのクライアントとして、一般市民がもっとも近づけるのは麻薬だからだ。それに、銃器、盗難美術品、動物（象牙や骨、毛皮なども含む）、人身売買といった客を選ぶ商売と比較しても大差はない。

もう少し言わせてもらうと、扱う商品ごとに差がないというよりも、原理原則が共通しているのだ。きわめてシンプルで、「金は力」、これだけである。これまで本書では裏ビジネスと金のことを随所で触れてきたが、間違いなく共通して彼らが考えているのは、「金を稼ぐために必要なことはする」ということである。

この行動原理に密接に触れた経験はいくつかある。というか、裏ビジネスの取材をしていれば、ほぼ毎回のように起きるのだ。

そのなかで際立って印象的だったのは、ブルガリアの武器商人との取引の取材である。

私にとっての東欧のイメージ。それは、武器の売買、アンダーグラウンド・マーケットの中心地だ。

特にソ連の崩壊以後、周辺国での紛争が勃発して不安定な期間が長く続いたこともあって、裏社会的に成熟した市場が生まれたように思える。また、実際に東西（資本主義と社会主義）の間にある国ということで、立地条件も良かったということもある。最近では、中東やもっと別の地域が主流になっているということもあるので、やや下火の感は否めないが、それでも依然として武器密売はおこなわれているという。

さて、その取材では、テレビのカメラも同行していたので、インタビュー形式になると思っていた。ところが仲介を依頼した男はかなりいい加減で、「相手にはお前らのことは話していない」というのだ。これには参ったが、「もう来るから」と対策を立てる時間がないことを告げてくる。仕方ないので、もともと話を聞く予定だった車の中にGoPro（小型ビデオカメラ）を隠しカメラ代わりにセットした。

「（カメラが）バレたらヤバイから気をつけろ。取材だって悟られるなよ」

男は容赦ないトドメの一言を発した。それから5分後には武器商人が到着していた。

通訳と私と武器商人（二人）が車に乗り込んだ。武器商人の肩書に恥じない風格をまとった強面の男たちを前にして、私は覚悟を決めた。買い付け客を装うのだ。

「日本から来た。商品を見せてほしい」

強面の二人を前にしても一歩も引くつもりはない。この瞬間から、私は日本から武器の買い付けにきた客なのだ。一瞬で自分に信じ込ませる。自分が信じなければ相手が信じるはずもない。

二人組のうち、片方の男Aだけが気さくな感じで話しかけてくる。もう一人（B）はずっとこっちを観察するように無言で見ているだけだ。気にしても仕方ないので、Aに向かって話すことにした。

「ハンドガンを用意した」

そう言って、目の前に銃が置かれる。

手にとって眺めて、「ほかには？」と言うと、スポーツバッグからサブマシンガンが出てきた。正直なところミリオタではないので、そのあたりの知識は深くない。だから下手なうんちくを披露するような会話はボロが出る。そう判断したものの、それならばどんな話をすればいいのか。必死で頭を巡らせる。

いつも思うのだが、追い詰められたときの人間というのは、よくよく知恵が回る生き物だ。特に私の場合は、口から先に生まれてきたのかというぐらい言葉が出やすくなるようだ。

「カートリッジなんだが、純正か？」

「これは改造されている。銃撃には問題はないはずだ」

「そうなると弾丸は多めに必要だな。用意できるか？」

ブルガリアの武器商人から見せられた銃を撮影

「今回は無理だ。用意していない」

銃を使うには弾が必要である。意外なことにこうした取引では、弾丸が用意されていないことがある。別で購入することになることが多い。これは以前にフィリピンやジャマイカといった国のギャングに教えてもらったことだった。銃マニアならうんちくではなく、ユーザーの声というやつだ。この一撃は効果があったらしく、緊迫した場の空気が多少和らいだのを感じた。

「日本では弾丸を入手するのが難しい。できれば欲しかったが……仕方ない。それなら一応、銃だけ日本の仲間に確認をとりたいので、写真を撮らせてくれ」

そう言って銃の写真をスマホのカメラにおさめた。ここまでの流れは、我ながら完璧だったと思う。

裏社会と警察

会話のなかで私が気をつけたのは、怪しまれないという一点だけ。彼らは、常に相手を疑ってかかるはず。それが日常なのだから、信用されるよりも疑われないほうが重要なのだ。おそらくBは、観察することで私に不審な点はないかをチェックしていたはずだ。

基本的に裏社会に生きるような連中というのは、自分の組織以外には対立組織しかない（味方は存在しない）。唯一の味方は家族。家族以外を信じない、つまり、家族を大事にする。だから裏切り者を許さない。情報を漏らすからであり、自分に捜査機関の手が回ることになるからだ。

もし味方をつくるとしたら、むしろ警察のほうがいいとされている。警察は信用しないが、利用しようとするのだ。裏社会的な言い方だと、「警察は風見鶏で、自分のほうに向かせる（犯罪者の味方にする）ためには金を使う」である。金でつながってるやつのほうが、下手な情よりも信用される。受け取る側には後ろめたさとメリットがあるからだ。

さて、上手に切り上げることができた取引取材だったが、最後に心臓が止まるような思いをした。写真を撮って、取引がなんとなくこれで終わりという感が出てきたとき、ずっと交渉中にしゃべることのなかったBが口を開く。いったい何を言うのか。

「日本人。お前……もう少し銃が必要だったら用意できる。まとめて買うなら安くするぞ」

変なオチをつけるなと思ったが、ここは平静を装うしかない。

「ありがとう」

そう言って取引を終わらせることができた。私の偽装はうまくいった。むしろ上得意客候補に見えるほどだったのかもしれない。さすがにそれはやりすぎな感じもするが、下手に疑われるよりも格段に良い終わりだった。

危険な考えというのは、行動の伴う脅しだけではなく、心や思考のなかに生まれる些細な違和感や疑念というのが核になって、負の感情が広がっていく可能性もあるのだ。そのあたりを嫌というほど感じることのできた取材だった。

第8章　自分探しと自己実現の果て

ベガスとニューヨークの地下住人

殺人、ドラッグ、犯罪組織など本書で扱ってきた危険な思想の根本に根ざしているのは、外的な要素が中心になっている。

それとは別の種類で、内的な要素の危険な考え方があると思うのだ。

自分の内面に抱える闇に押しつぶされそうなとき、積極的に誰かと関わって解消していこうとする人と、逆に誰とも関わらないで孤独に生きようとする人がいる。後者のほうは取材の過程で何人か出会うことがあった。

ラスベガスの地下に暮らしている人々を初めて知ったのは、20年近く前のニュースだった。それから時を経て「あの人たちはどうなっているのか」と思い立って取材に訪れた。

調べていくと、ラスベガスの地下空間そのものが興味深い場所であった。というのも、砂漠の中にある街であるラスベガスならではの存在だったからだ。砂漠に降った雨は、地中に留まることなく行き場を求めて集まっていく。その結果、鉄砲水となってしまうのだという。それを避けるために縦横無尽に作られた地下の空堀。それがラスベガスの地下空間の正体である。

鉄砲水は年に何回も起きるわけではないので、そのときだけを回避できたら構わないという発想で数千人のホームレスが現状では暮らしているともいわれているが、その正確な人数は誰も把握できていない。自由意志で暮らしている人たちを引き止めることはできないし、ホームレスが地下と地上のどっちに暮らすかは本人次第なので、今日は地上に寝ていても、明日は地下にいるかもしれない。そういう意味で簡単に統計を作ることはできないのだ。

地下に行けば、話をしてくれる人はいるもので、実際に何人かの住人たちと話すことができた。彼らは一様に自分の意思で選択した結果、地下空間に暮らしていると言っていた。

ラスベガスの地下で暮らす元軍人

印象的だった何人かの住人を紹介すると、ギャンブル依存の日系人女性とホームレス男性のカップル。離婚をきっかけに財産を享楽に注ぎ込んだ結果、気楽に暮らしたいからと地下暮らしを選択した男。それ以外には元軍人が多かった。

特に自ら孤独を求めていたのはビリーさんという元軍人で、戦争の体験によりＰＴＳＤが発症して家族に迷惑をかけるからという理由で、地下での暮らしを選んでいた。

「家族には会いたいけど、自分には問題があるから」

家族から離れた理由が彼のＰＴＳＤであることはわかる。どんな経緯で家族と離れたのかまでは話してくれなかったが、簡単に決めたことではないのは容易に察することができた。トラブルを抱えた人間の行動は、いろんなパターンがあるだろう。誰かに助けを求めたり、とにかく慌てて騒ぎ立てる人もいることだろう。この人は自分で抱えてしまうタイプだろうと思った。

同じような考えを持って暮らしている人に出会ったのは、まだ寒さが一段と厳しい時期に訪れたニューヨークでのことだった。

ニューヨークの孤独

ニューヨークの地下住人たちは、貧困層や不法移民などが地下鉄や下水道といった空間に住み着いたのが始まりだった。いつから住み始めたのかは定かではないが、いつまで住んでいたのかは、おおよそわかっている。

２００１年９月11日。アメリカ同時多発テロ事件をきっかけにして、地下空間への警戒が強まったのだ。考えてみれば当たり前のことで、地下鉄に爆破物を仕掛けでもしたら、マンハッタン全域が吹っ飛んでしまう。大げさではなく軍事施設ではないが、それに準じるほどの警戒態勢も当然のことだ。

追い出された人々がいる一方で、それでも行き場がなくて住み続けている人もいる。そういう境遇にある、娼婦、移民などに話を聞くことができた。忘れられないのは、ニューヨーク出身の男。彼は養護施設で育った。家族を知らず、家族をつくらず。

「ずっと一人だったんですか？」

さびしくうなずいて、「自分と向き合ってきた」と言っていた。

ニューヨークの地下住民の寝床

その様子から心に何がしかの疾患があって、それのせいであることはなんとなく伝わってきたのだが、それ以上に踏み込むのは、地下住人の生活実態を調べるために取材に来た私の本筋からは外れるような気がした。

「施設を出てから、ずっと一人だった」

そう言う男の言葉には、「この先も一人だ」と続くような気がした。

私はカウンセラーでもないし、精神科医でもない。彼は自分には救えない人なのだ。そのことをわかっていただけに、接していても同情も憐れみもなかった。取材対象としてきわめて冷静に彼のことを見ている自分がいた。そのせいで私は彼の負っている心の傷の恐ろしさというよりも、人間関係と距離感の間違いの生み出す恐ろしさを考えていた。

人は人との関わりのなかで心に傷を負う。その結果、人から離れることもある。独りになってみると、独りでは生きていけないことに気がつく。今度は人間関係を限定的にして人付き合いをする。また人付き合いで傷ついて、独りになろうとする。これを繰り返していると、わかっていながら、決していい方向にいかないスパイラルのなかにいると自覚していながら、苦しみながら生きていくしかないのだ。

人の心は複雑である。信じた相手に裏切られることが怖いとか、対象がはっきりわかるような単純な構造ばかりではない。自分が納得いくまで自分を見つめた結果、最後に待ち受けるのは、どうしようもない人生の終わりである。誰からも喝采を受けることもなければ、エンドロールが流れて終幕することもない。

孤独を受け入れている人にとっては、「それでもいい」となるのだろう。自分が最善と思えることをやったうえでの孤独なのだから、その選択がもたらす結末がどんなものであろうと、納得するはずだ。このうえなく収まりのいい状況のはずなのに、第三者には悲しいものに見えてしまうのだ。

自分探しへの警鐘

「自分を見つめ直す系」のことに拒否反応があるわけではない。ただ、どうしても気になってしまうのは、１９９０年代のバックパッカームーブメントを通ってきたからだと思う。

若者たちは、はっきりと口にする人はあまりいなかったが、自分と向き合うために旅に出たと思う。若さと時代がそうさせたのだ。そんな若者たちの行動は、「自分探し」と呼ばれた。

当時、自分探しをしていると公言する人は少なかった。誰かに言うのがダサいと思っていたから。それは、自分探しが自己実現でもなんでもなく、好奇心の赴くままの行動で、青春の無駄使いに過ぎないとどこかで自覚していたからだろう。

自分探しはバックパッカームーブメントの沈静化とともに下火になっていったかに見えるが、現在も「自己実現」や「意識高い系」など、言い方やニュアンスをマイナーチェンジしただけで残っている。やはり若者の行動としては普遍的なものなのだと思う。

ただ、自分探しにも種類があって、今いる場所から逃げたいだけだったり（ここではない、どこかへ的な発想は、現在ブームになっている異世界転生モノに通じるところがある）、他人からの称賛が目的の「自分探し」はたいてい、ろくな結末が待っていない。

そういう観点から、老婆心ながら「自分探し」に対する警鐘を鳴らしておきたいのだ。だいぶ前振りの長い話だったが、結局言いたいことは、おっさんの愚痴みたいなものである。

これまでドラッグや殺人に関連する血なまぐさいネタを紹介してきたので、ここまでで扱ってきた危険な考えとは一線を画すところもあるのだが、日常のなかで見え隠れする危険な部分ということで、読んでいただければと思う。

まず、私の個人的な体験だが、一人旅の生み出すヒロイズムや恐れ知らずのマインドが生み出す危険というのは、タイミング次第では恐ろしいものになりえる。

インドで知らされた日本人の死

まだ20歳頃の私は命が安く、行動の責任や行動がもたらす結末を想像できていなかった。そのせいかだいぶ無茶なことをしていたように思う。

思い出すのはインドでのこと。かの国に特別何かがあったわけではないのだが、「旅といえばインド」「インドを旅して一人前」という漠然とした試練のようなものを感じていた。すでに海外経験は多少積んでいたとはいえ、なんの目的もなく歩くためだけにインドに行くのはためらわれた。そこで、バックパッカーの聖地と呼ばれていた頃のタイ・バンコクのカオサン通りで情報収集。その過程で知り合った人から、「インドで君によく似たやつがいるから会ってみるといいよ」と、妙な縁を感じたらしく、紹介してくれることになった。もちろん男である。それも屈強なタイプらしい。

私も腕っぷしには自信があるほうだったので、アジア旅人最強タッグでも組もうかという勢いでインドに向かうことにした。

誤解のないように補足すると、本気でその男に会うつもりだったわけではない。なんとなくの気持ちだった。その程度でも旅の目的としては十分に楽しめたからだ。

あの頃の旅人は、スマホのような便利すぎるアイテムなんてあるはずもなく、むしろ待ち合わせのために数週間同じ街に滞在することなどざらにあった。私が紹介された相手も順調に私がたどり着けばギリギリ滞在しているらしいとのこと。

メールもなかった時代、泊まっている宿に訪ねていくのが一般的な出会い方。私はひたすらバラナシ（現ベナレス）を目指した、つもりだったがあちこち寄り道をしていたせいか、最初に予定していたよりもズレが出た。

到着した時点で例の相手はいないだろうと思っていたし、インドの空気に流されてしまって、そこまでして会いたいとも思っていなかった。実際、聞いていた宿に立ち寄っても会う

ゴミで埋めつくされる、インドのスラム

ことはできなかった。

宿の人に聞くと「いない」と言うので、次の場所に旅立ったのだろうと思うことにした。

当時からバラナシはヒンドゥー教の聖地とされていた。街に沿ってガンジス川が流れているのが特徴で、修行者も市民の生活もガートと呼ばれる沐浴場に身を浸していた。そんな様子を眺めて過ごす観光客が多かった。私もそんな一人。インドを旅する自分に酔っていたのだろう。

ほかの人に言うとバカにされそうで恥ずかしいから言わないだけで、本当は自分探しマインドになっていた人は多いと思う。旅ってそういうものだから、それ自体は恥ずかしいことではないと思うのだが、若いときというのはなかなか素直になれないところもある。

ただ、洒落《しゃれ》では済まないこともある。それが件《くだん》の私に似ているという旅人である。

旅している自分に酔いながらガートを眺めていると、「お前の国の人間がこないだ死んだぞ」とインド人に話しかけられた。独特の雑なイントネーションだが、それを気にしている場合ではない。

「どういうこと？」

「ちょっと前にプッシャー（違法薬物などの売人）を殴った日本人が殺された。そのまま火葬場で燃やされて、今はガンガーにいる」

ガンガーとはガンジス川のこと。その中にいるというのは、死んだということを意味している。

「そんなことっていいのかよ」

「ここは、インドだからな」

妙な説得力で断言されたものの、気になってあれこれ調べてみると、マリファナを売りつけられた日本人旅行者が、売人を殴った事件が起きたそうだ。その男が腕っぷし自慢であったこと、聞いて回ると、なんとなく私の容姿に似ているようなことがわかった。

いかに粋がっていようと、しょせんは20歳そこそこの若造にそれ以上のことは何もできない。そこまでのことがわかって、急に自分のやってきたことが恐ろしく感じた。

私も彼と同じようなシチュエーションで同じような行動をしたことがある。

相手は売人ではなかった。多くの男たちにからまれて騒然となる現場に「ヤバイ！」と危機感度センサーからの警報が鳴りっぱなし。それもそのはずで、トラブルになった相手がタクシー運転手で、そいつを蹴り飛ばしたところ、数十人のタクシードライバーに囲まれてしまったのだ。すでにヤバイ状況にあることはセンサーのおかげで悟っていたので、明らかに金持ち&インテリ層のインド人男性（ただの通行人）にすがるように助けを求めて、どうにか事なきを得た。

私と彼の運命を分けたのは、ただの「運」だと思う。彼が私でもおかしくなかったのだ。

突っ張って、粋がってみる。若さの特権だし、その動機がはっきりとは表明できない気恥ずかしい理由の自分探しだっていい。ただし、時として尖ったままの心は、取り返しのつかないトラブルに巻き込まれかねない危険性を孕んでいるということを覚えておいてもらいたいのだ。

私がリスクを冒すのは

ここまで読んだ人は、私が自分探し否定派だと思っているのではないだろうか。

それは誤解である。若いうちに青臭いとか、バカみたいとか言われながら自分を見つめること自体を否定しないし、年齢を重ねてからあれこれ考えてみることも応援したいと思っている。

むしろ、理由をつけて動かないことこそ、否定的に考えている。

若干話は逸《そ》れるのだが、私が講演会やトークショーをしていると寄せられる質問のなかで圧倒的に多いのは、「今までで一番怖かった場所はどこですか?」である。並んで多いのは、「どうして行くの? 怖くないの?」である。

後者のほうが本章のテーマに関係してくると思っている。

これは「なぜ、丸山ゴンザレスはリスクを冒すのか」を問われているからだ。

私のなかでは大した理由があるとは思っていないし、返事にしても、「行きたいから」とか「恐怖より好奇心が勝つ」となる。

意外につまらないと思う人もいるだろう。実は、この手の質問の回答には、意図的にシンプルに対応するようにしている。

この言い方だけだとわかりにくいかもしれないが、私のこだわりとして、行動につながるマインドは意図的にシンプルなものを設定するようにしているのだ。

たとえば、先述したメキシコの麻薬戦争の取材の際には、準備しているうちから何度となく行くのが面倒になった。やることは多いし、リスクは高いし、スペイン語はわからないし、そもそも取材としての難易度が高すぎた。

フリージャーナリストが取り組むにはヤバすぎるネタだってわかっていたから、油断するとつい「面倒くさい」と言ってしまうのだ。

この「面倒くさい」を口にすること自体が、私にとっては病気のようなものであると思っている。患ってしまうと、自然に治癒することはない難病だ。ただし、治療薬ははっきりとしている。ひたすら「面倒じゃない」と言い聞かせること。そして、自分に問いかけるのだ。「行きたくないの？」「ビビった？」「興味なくなったの？」

動機をシンプルにしておくと、それに反論するだけでいいのだ。誰にも嘘をつく必要はない。本音の部分なんて自分が知っているからだ。

私がなぜこのようなマインドをつくっているのか。

言い訳できる要素が多ければ多いほど、行動しない理由が生まれると思っているからだ。行動すると、一ヶ所に留まって考え続けるよりも、確実にゴールにたどり着く。だから、その行動が自分探しといわれようと構うことはないと思っているのだ。

日本人に勧める目的地

とはいえ、堂々と自分探しをしていますと言い出しにくい昨今の風潮もあるだろう。自分探しについてはクッションをひとつ挟むと言いやすい。

そのクッションになるべく、私からひとつ提案したい自分探しがある。それは、ニューヨークに行くことである。

2018年に『GONZALES IN NEW YORK』(イースト・プレス)を出版した。アメリカに憧れ続けた自分がアジアの旅にはまって、紆余曲折あって、ようやくニューヨークに行ったこと。自分がいかにニューヨークに行きたかったか。行って何をして、どれだけバカになれたのか。何を見て、何を食べたのか——そんな自分語りが止まらない内容である(できれば買って読んでほしい! 切実!)。

自分でもこの企画がバカげていることは理解していた。それでも本が出たのは、私があの街に対して、ちょっとやそっとじゃないものすごい憧れをいだき続けてきたからだ。ありえない量の情熱をまとめることで一冊の本として成立したのだ。

その本のなかで書いたことがある。

ニューヨークに行くことは、自分が住んでいる場所より都会に行くことである。大人になるとそういう感覚になれる場所が少ないし、世界的に見ても都市化が進んでいる日本の人であれば、特に少なくなっているかもしれない、と。

仙台で生まれ育った私の進学先が東京だった。それまで過ごした街を出て、一人で新しい街、それも自分のいた街よりも都会に行く。ビビっているけど、田舎者だってナメられたくはない。都会に行けば、何か面白いことがあるのかもしれない。

期待と不安の入り混じった感覚こそが、「上京気分」と呼んで差し支えないものだったと思うのだ。

文化、流行、経済などなど、様々なものを発信する街。私にとっては最高に楽しい街である。

さて、東京から上京気分で行ける都市は、今、世界にどれだけあるだろう。個人の趣味嗜好が絡まってくるのでひとつに絞ることもないが、ニューヨークは間違いなく入ってくる都市だと思っている。

これは私にとって上京気分の象徴としてのニューヨークであって、ほかの人までニューヨークである必要はない。大事にしたいのは、上京気分に含まれる「憧れ」、「尊敬」、「羨望」など、自分よりも上の存在に抱くポジティブな気持ちである。

この気持ちを味わうことが、私は自分探しだと思うのだ。そして、自分を変革するために、自分をより高い場所へと誘うために必要な起爆剤になるのだと思う。

貧乏旅行を繰り返して内なる何かを見出すよりも、憧れ続けた存在に触れて、むき出しになった自分の心を成長させることができたときが、まさに自分を見つけたことになる。この意味での自分探しは、年齢に関係なくいつだって始めることができる。むしろ、自分に諦めを抱きだした中高年なんかがやったって十分に間に合うと思う。

憧れのような前方上段に向かう気持ちがあれば、ダークサイドに落ちることもないと思う。ダークサイドにはいろんな意味合いがあるが、大きく二つ。うまくいかないことを誰かのせいにするか、自分の無力のせいにすること。前者は妬みや嫉妬に狂った状態である。後者は極度にネガティブになっている。どちらもまともな判断ができる状態にないと思う。

だからもし、あなたが危うい考えに陥りそうになったときに、ここでまとめているような考えを思い出してくれたら、きっと助けになると信じている。

最終章　危ない思想は毒か薬か

人を殺すのは思想である

明確に殺意を抱いて殺す人、副作用で死ぬのがわかっていながら強いドラッグを摂取する人、組織のルールに沿って無感情に人を裁ける人、犯罪に走っても仕方ないと思える環境で生きる人とも出会ってきた。

そんな、ヤバイやつらの頭の中を覗いてきた総括として思うことがある。

人を殺すのは思想なのだということだ。

凶器を使おうと、殴り殺そうと、リンチしようとするにしても、実行犯の頭の中身が空っぽではできない。何かしらを考えて行動している結果の殺害なのだ。

ではいったい何を考えているのかを知るために、殺人までのプロセス（行動）を追いかけるとある程度は見えてくるものがあるが、それだけでは不十分。

ジャマイカで取材した殺し屋は、ターゲットを尾行して、酒場で仲良くなり、酒をおごり、酩酊したときを狙って、頭部を殴打。銃を使うのはトドメを刺すときだけだと教えてくれた。

人を殺す作業についてはよくわかる説明である。だが、これだと殺しのプロセスしかわからない。いったい「なぜ」殺すのか。

それは、彼が引き金を引く理由を聞き出す必要がある。実際に聞いてみると、「クライアントから受けた仕事であり、自分が生きていくための金を得るため」と、至ってシンプルだった。

ほかにも、フィリピンの金持ちの中には、交通事故の相手が重症になって保証金の上限が見えなくなるよりも、「死亡したほうが安く済む」と思っている人がいる。そんな人たちの中には重傷者を再びはね飛ばして殺そうとする奴らもいる。理由は「金への執着」である。

ケニアの元強盗は、仲間が全員撃ち殺されて足を洗った。どうして仲間は殺されたのか。その理由を尋ねると、「警察が取り調べするのは面倒だから強盗団を射殺して間引いていったんだ」と教えてくれた。警察が強盗を殺す理由は「面倒くさい」という考えがあったのである。

ロサンゼルスのサウス・セントラルのギャングたちに取材した際には、「自分たちの縄張りに入ったのがよそ者だったら殺すし、観光客なら強盗をする」と言った。彼らが暴力を振るうのは、上からの命令ではなく、コミュニティで生きるための存在証明である。そのために凶悪な事件を起こすのだ。

このように、どうして殺したのかを知るには、彼らの考え方こそが鍵になるのだ。

とはいえ、考え方は、国や地域、環境、時代によって変化する。正直、ケースバイケース過ぎて理論化したり、普遍的な何かを見出すのは難しいと思った。本書では、私の見てきた世界の事例を列挙して傾向を導き出すので精一杯だった。

悪の根本を追及して、世界平和を考えるなどは、たかだか旅人の延長でジャーナリストを名乗るような私が、さすがに大風呂敷を広げすぎである。ただ、肌で感じているからこそ思うことはある。

たとえば、今、世界では、人権に関する考え方が揺らいできている。これまでは、難民、すなわち「必ず助けなければならない人たち」だったが、自己犠牲にも限界があるとヨーロッパの人々は考えるようになった。

ほかにも、バイオテクノロジーや遺伝子解析の結果、生育以前の生命をどう定義するのか、遺伝子レベルの段階で人権は発生するのか、結論は出ていない。ＡＩだっていずれ人権の適応範囲に含まれるかもしれない。

このように、様々なことが揺らいでいる時代だから、人々の変化や価値観のゆらぎから派生する現象を私のような個人が歩いて取材し、伝えるのもいいのかなと思うのだ。そんな私が悪意の根幹にあると感じているのは、なんなのだろうか。

あくまで私なりの結論だが、相手を「甘い」と思って「ナメる」ことである。これこそが人類の持つ感情のなかで最悪に恐ろしい危険思想だと思っている。

危険思想の持ち主は、悪気があろうとなかろうと、際限なく自分の感情を押しつける権利を持っていると錯覚してしまうのだ。危険の程度は権力や地位にある程度比例するが、立場的に横並びの集団のなかでも油断はできない。悪意は突然生まれ、容赦ない行動が実行される。

相手に対する敬意のなさが原因としか思えない。

たとえばフィリピンの刑務所は現在、麻薬戦争の影響で過密状態にある。深夜、具合が悪くなった人が移動するときに寝ている人の顔にバケツの水がかかった。それが引き金になって殺し合いに発展した。最悪なことに、ここには対立するギャング同士が収監されていたのだ。敵対するということは、相手に敬意を持っていないということである。

このようなことは本書で繰り返し述べてきた危険性の一端に過ぎない。とはいえ、大きな事件とか歴史の巨大なうねりでもない。個人の頭の中で起きている日常のなかにある悪意によってもたらされたものがほとんどである。

これに対処する方法は正直なところ見当たらない。あくまで一人ひとりの脳内で起きていることだからだ。それならば、みんながもっと曖昧に生きるのがいいのではないかと思った出来事を最後にまとめてお伝えしたい。

許されざる者

2018年に公開された映画『暁に祈れ』という作品がある。イギリス人ボクサーが再起をかけてタイに渡るが、そこでもうまくいかず、ドラッグにおぼれて逮捕される。収監された刑務所でムエタイに出会い、命がけの戦いをするという内容である。

この作品に出てくる役者は、メインキャストのイギリス人を除き、すべて元囚人たちだった。

以前から交流のある会社から依頼されて、映画のPRを手伝うことになったのは幸運だった。しかも、現地に入って取材してきていいという好条件。私は一も二もなく元囚人たちへのインタビューを試みることにした。

バンコクには何人もの友人がいるおかげで、通訳や撮影係は1日で手配できた。急な依頼なのに元囚人のキャストたちも、私の滞在中でタイミングをあわせてくれてインタビューに応じてくれることになった。

スラムのなかのムエタイジム、撮影現場となった刑務所の廃墟、サクヤン（タイの伝統タトゥー）の彫師など、わずか3泊4日の強行軍ではあったが実りは多かった。

取材の締めとなったのが、元囚人キャストへのインタビューだった。

当日、現場に現れたのは見た目にいかつい男が二人。二人とも笑顔だったが、圧力は半端なかった。

インタビューでは服役した罪状を聞いてみた。

「どんな罪で刑務所に入ったんですか？」

「殺人だよ」

あっさりと答えてくれた相手の表情がいまひとつ飲み込めずにいると、何を勘違いしたのか、さらに重ねてくれた。

「いや、殺しっていっても恨みがあったわけじゃなくて、人に頼まれたんだよ」

「恨みはないいって……それは」

タイの元・囚人映画キャストと撮影

「そうなんだ。あの当時はお金がなくてさ」

殺し屋ですよねのツッコミを待たずに、ズレた方向に言い訳をしてくれたのが功を奏し、砕けた空気でインタビューをすることができた。

刑務所内での暮らしなどを聞いていき、話題は今のことに移っていった。

「今はどんなお仕事をされているんですか?」

「ムエタイのジムを経営しているよ」

彼はタイ各地刑務所のムエタイ対抗戦（選手は全員囚人）でチャンピオンになり、出所後も活躍したそうで知名度もあり、順調な日々を送っているという。そうなると、彼が犯した罪も知られているのではないだろうか。

「あなたはタイでは有名人です。殺人で服役したことは隠しきれるのですか?」

「その必要はないよ。俺は自分の過去を隠していないんだ。まわりの人はみんな知っているんだよ」

「日本では受刑者が社会復帰することは難しいところがあります。受け入れられたんですか?」

「え?　それはそうだよ。私は罪を償って出てきたんだから」

彼は恩赦などが重なって10年程度で出所したのだから、満期で勤めたわけではないのだが、そのあたりは関係ないらしい。それよりも驚いたのは、周囲のタイ人の考え方のほうだ。

罪を償ってきたらそれ以上は追及されないのがタイの社会である。

「タイの人たちは、そういう考え方をしているんだよ」

やや照れながら教えてくれた。その後、何人かに確認をしてみたが、やはり罪を償ってきたら、過去のことは気にしないタイ人がほとんどだという。この国民性をマイペンライ(タイ語で「気にしない」を意味する)精神とでもいえばいいのだろうか。

もちろんタイでも凶悪事件は起きているので、必ずしもこの通りになるわけではない。それに被害者やその家族のことを思えば、簡単に許されたと思うのはどうかなというところもある。

『シークレット・サンシャイン』という韓国映画がある(以後、ネタバレ注意)。

作中では子どもを殺された母親が、苦しみの果てに犯人を許そうと思い、刑務所に会いにいくシーンがある。ところが、犯人はすでに神に許されたと言った。熱心なキリスト教の信者になり贖罪の日々を送っていたのだ。実は母親が犯人を許せたのもキリスト教に帰依したからだったのだ。

果たして神は許したのだろうか。本当のところはわからない。それでも、神や自分の内に許しを求めることは、第三者からすれば、このうえなく身勝手にしか映らないこともあるのだ。

すべての罪を許せとは言わない。

私とて凶悪事件の犯人が服役後に悪びれもせずに過ごしていたら、被害者となにひとつ関係がなくても、きっととんでもなく憤るだろうし、正義感によって突き動かされてしまうかもしれない。

だが、それも程度によりけりである。世の中はシステムで動くが、人の善悪の感覚は必ずしも画一的にくくることはできない。

たとえば、最近では著名人が不祥事を起こしたとき、不祥事の部分だけが一人歩きして、どの程度の不祥事なのか、その人が受ける罰は罪に見合ったものなのか、そのバランスをきちんと見ようとしなくなってきている傾向がある。

白か黒か。それだけではまとめきれないのが現実だ。

昨今の日本に蔓延している、どんな微罪でも決して許さない風潮や、一度でもしくじったら復帰できないというような空気感のギスギスに比べると、受け入れる側が、相手をきちんと判断するとか、そもそも気にしないようなタイのマイペンライ精神などは、コミュニティで生きていくうえでは良さそうである。

私は旅の終わりにいつも考えることがある。

日本にはもう少しでいいので、曖昧なままの状況を許す心が必要なんじゃないだろうか。

許せないとか、拒絶するという考え方は、世界で一番危ない考え方につながりかねないと思うのだ。すべてのことに白黒つけたがるということは、必要悪を許容しないとか、曖昧さを排除する方向につながっていくと思うからだ。

おわりに

『世界の危険思想』としてまとめた本書の最後に何を書こうか迷ったのだが、ここは制作秘話のようなものをお届けしておきたい。その理由は、読んでいただけたらわかるだろう。

まず、本書をまとめるにあたって迷走期間がかなりあった。本文でも書いたが、担当編集者のM君とは、彼が写真週刊誌『FLASH』で私の担当をしてくれていた頃からの付き合い。かねてから彼が希望していた新書の部署に異動した際、「丸山さんの新書を僕の1冊目に決めてました」と、男からだと若干キモいぐらいの勢いで熱心に執筆を依頼された。

男気的な依頼は嫌いじゃないので二つ返事で引き受けたまでは良かったが、私は意外と仕事を片付けるのが遅く、気がつけば2年が経過。さすがにこれ以上はまずいなと思っていたところに「連載だったら原稿を入れてくれますか?」とM君からの連絡があった。

すでに待たせてしまっている罪悪感もあって、引き受けることにしたのだが、今度はテーマが決まらない。それでも連載枠だけはある。どうしようと思い悩んでいるなかで、M君との打ち合わせのなかで出てきたのが「なぜ人は人を殺すんだろう」ということ（第1章を参照のこと）。

このとき、同時に思い浮かんでいたのは、殺人犯が人を殺すときに「いったい何を考えているのか」ということだった。これが気になり出して、これまでの取材で拾ってきた要素を危険思想という軸でつないでいったら何かが見えてくるのではないかと思ったのだ。

ただし、本書を読んでいただければわかるように、「思想」と銘打ったタイトルのくせに、学問的なアプローチとか、そういったものがほとんどない。その理由として、正直なところ私には、古典的な思想知識があまりないということがある。

私は学生時代に考古学を専攻して、考古学者を目指していた時期がある。修士号までは取得したので学者まで片足ぐらいは突っ込んでいると思う。おかげで、考え方は極めて考古学的なのである。

たとえば、考古学では、出土した遺物、遺跡といった現物があって、それを研究して古代の社会を復元することを目的とする。そのせいか、考え方として証拠となるモノがあって、そこから仮説を組み立てるというのが私の思考の癖になっている。

だから、「●●思想」とか「●●イズム」といった、キーワードありきで、そこに符合する事例を集めてくるのではなく、私が直接取材してきた事例があって、そこから導き出した考え方、すなわち仮説的な思想をまとめる内容になったのである。

旅行記でもなければ、エピソード集でもない。妙な内容になって、時には説教臭い部分もあっただろう。書いている私自身が「こんなに偉そうなこと言っていいのだろうか」と思うこともあったのだから、読者のみなさまはなおさら強く感じたことだろう。

それでもあえて本書の最後に少々上から目線になるが、お伝えしておきたいことがある。

「考え方が変われば、あなたを取り巻く世界は変わる。意識を強く持てば、元から持っていた思想は、より強靭になる」

本当は、これぐらい立派なことを言おうと思ったのだが、これではさすがに私らしくないような気がする。もっと効率のいい変化をするには、「世界を変えるよりも自分を変えるほうが簡単で、費用対効果も燃費もいいはず」と思うこと。

今の世の中に不満がある人や、恐れを抱いている人もいるだろう。そんなときに「世界よ、平和になれ！」と祈るよりも、そんな世界に対応できる自分に生まれ変わるほうがいいのではないか。

　こんな日本でどうやって？　と反論もあるかもしれない。だけど、どんな環境であっても、成り上がったり、勝ち抜いたりするやつらが生まれてくる。スラム街や紛争地であっても同様である。そんな連中は、とりまく環境ではなく、自分を変えてきたのだ。たとえ笑われても、バカにされても、ネガティブな感情に支配されずに、着実に歩を進めていった。

　自分がどん底にあって、不幸を嘆いていても、世界はあなたを救わないし、時間は流れていくだけだ。いじけたってなんの意味もない。自分勝手と言われても、自分を優先して変化を求める。徹底して自分が軸であるべきなのだ。

　というのも、うまくいかない原因を自分以外の人間に求め出したとき、人は危険思想に染まっていくように思っているからだ。

　危険思想に染まるか、成功のために自分を変えるのかは、表裏一体である。だからこそ、私は幸せを掴むかもしれないやり方のほうを選んでほしいと思っている。それこそが世界の危険思想に出会ってきてたどり着いた、私なりの結論だったりするのだ。

　すべてのものごとに遅すぎるなんてことはない。人はいつだって変わることができる。

実はこの部分、「人はいつだって変わることができる」、そんなことを冒頭の連載開始にあたってM君に力説したまではよかったのだが、いざ連載が始まってみるとこれが大変なのだ。本書のベース原稿を書き溜めていたのは、光文社のウェブサイト「本がすき。」である。本書と同名のタイトルで連載していたので、読んでいただいた方もいるかもしれない。

最初こそ順調だったのだが、私の筆は徐々に遅くなっていった。隔週で始まったのに、ついには不定期連載という不名誉な状況に陥った。とはいえ、私も何もしていなかったわけではない。それこそ本書でも紹介しているように世界中の危険地帯に出かけては取材を重ねていたのだ。そう簡単に原稿を書く時間をとることなどできやしないのだ。

ということで、本書は、散々偉そうに言っておきながらM君から「丸山さんは、締切を守らなくても気にしない危険思想とか変えたほうがいいんじゃないですか」というニュアンスをやんわりと言われたことに対する壮大な反省文ともいえる。

それでも、多くの人に知ってもらいたいという思いを込めて書いたものであることには違いないので、本書を手にとって、あなたの変革に役立ててもらえたら幸いである。

丸山ゴンザレス（まるやまごんざれす）
1977年、宮城県生まれ。“考古学者崩れ”のジャーナリスト・編集者。無職、日雇い労働、出版社勤務を経て、独立。著書に『アジア「罰当たり」旅行』（彩図社）、『世界の混沌を歩くダークツーリスト』（講談社）などがある。人気番組『クレイジージャーニー』（TBS系）に「危険地帯ジャーナリスト」として出演中。

世界《せかい》の危険思想《きけんしそう》 悪《わる》いやつらの頭《あたま》の中《なか》

2019年5月30日初版1刷発行
2019年7月25日　3刷発行

著者 —— 丸山《まるやま》ゴンザレス
発行者 —— 田邉浩司
装幀 —— アラン・チャン
印刷所 —— 萩原印刷
製本所 —— ナショナル製本
発行所 —— 株式会社光文社
東京都文京区音羽1-16-6(〒112-8011)
https://www.kobunsha.com/
電話 —— 編集部03(5395)8289 書籍販売部03(5395)8116
業務部03(5395)8125
メール —— sinsyo@kobunsha.com

 ISBN 978-4-334-04415-2

光文社新書

1005
人生100年、長すぎるけどどうせなら健康に生きたい。
病気にならない100の方法

藤田紘一郎

「後期高齢者」で「検査嫌い」の名物医師が、医者や薬に頼らずに免疫力を上げる食事と生活習慣を徹底指南。人生100年、死なないのならば生きるしかない、そんな時代の処方箋。

978-4-334-04412-1

1006
ビジネス・フレームワークの落とし穴

山田英夫

SWOT分析から戦略は出ない?!／作り手の意志満載のPPM。／NPVは、なぜ少しだけプラスになるのか?――意思決定が歪む「危うさ」を理解し、フレームワークを正しく使う。

978-4-334-04413-8

1007
「糖質過剰」症候群
あらゆる病に共通する原因

清水泰行

緑内障、アルツハイマー、関節症、がん、皮膚炎、不妊、狭心症…全身を着々と蝕む糖質の恐怖。七千を超える論文を参照しつつ、現代に増え続ける様々な疾患と、糖質過剰摂取との関係を説く。

978-4-334-04414-5

1008
クジラ博士のフィールド戦記

加藤秀弘

シロナガスクジラの回復にはミンククジラを間引け?!――長年、IWC科学委員会に携わってきた著者による鯨類研究の最前線。科学者の視点でIWC脱退問題も解説。

978-4-334-04402-2

1009
世界の危険思想
悪いやつらの頭の中

丸山ゴンザレス

最も危険な場所はどこか?――それは、人の「頭の中」である。「世界各国の恐ろしい考え方」を「クレイジージャーニー」出演中の危険地帯ジャーナリストが体当たり取材!

978-4-334-04415-2